KB264117

TEPS in TEPS

800어휘

박기혁

서울대학교 졸
(현) 메가스터디 어학센터 TEPS 강사
(현) SLA 학원 TEPS 대표 강사
(현) 중앙일보 영자 신문 중앙 데일리 교육 분야 객원 논설위원
(현) 한국 생산성 본부 영어 전임 강사
(현) PTT(Park's TEPS Teacher's Group) 대표 강사
−TEPS의 최고를 지향하는 강사들의 모임

TEPS in TEPS 800 어휘

저자	박기혁
초판 1쇄 발행	2009년 6월 25일
초판 2쇄 발행	2010년 1월 10일

발 행 인	박효상
영　업	이종선, 이태호
기획, 진행	김상호, 조승주
출판등록	제 10-1835호
발 행 처	사람in
주　소	121-839 서울시 마포구 서교동 378-16 4F
전　화	02)338-3555(代)
팩　스	02)338-3545
E-mail	saramin@netsgo.com
Homepage	www.saramin.com

Special Staff

디자인 표지	장선숙
내지	홍수미
편　집	김지영
조　판	한현식

※ 책값은 표지 뒷면에 있습니다.
※ 파본은 교환해 드립니다.

ⓒ박기혁 2009

ISBN 978-89-6049-123-6 13740
ISBN 978-89-6049-116-8 (세트)

TEPS in
TEPS

800어휘

박기혁

사람in
saram
in.com

Preface

영어 시험을 둘러싼 여러 가지 환경 변화에 의해서 TEPS의 중요성은 나날이 강조되고 있고 그 특징 또한 뚜렷이 변화를 겪고 있다.

첫째, 갈수록 문제가 다양화되고 있고 더욱더 세련되어지고 있다.
둘째, 시험을 치루는 대상 연령층이 자꾸 낮아지고 있다.
셋째, 특목고나 외고, 로스쿨이나 의학전문대학원 진학 등 그 쓰임새가 더욱 광범위해졌다.

이러한 세 가지 변화에 발맞추어, TEPS 교재도 다양화되고 진화되어야 하는데, 현재의 교재 시장은 그러한 가시적인 변화에 능동적으로 대처하지 못하는 것이 사실이다. 이에, 이번 TEPS in TEPS 시리즈를 통해서 진화하는 TEPS에 가장 적합한 패러다임을 제시하고자 한다.

TEPS는 참으로 복잡하고 미묘한 시험이다. TOEFL처럼 학문적인 점에 초점을 맞추는 것도 아니고, TOEIC처럼 실용 언어적인 측면만을 강조하는 시험도 아니다. 어쩌면 이 둘의 장점만을 모아 놓은 시험이라 할 수 있겠다.

학문적인 내용들을 풀어가되 좀 더 현실성을 부여하여 실용적으로 쓰이는 영어들을 묻는 것이다. TEPS가 최근 시험 시장에 지각 변동을 일으키고 있는 이유는 이런 장점이 토대가 되었다고 볼 수 있다.

TEPS는 실제로 회화를 하다가 혹은 네이티브가 보는 외국 신문 등을 읽다가 느끼는 애로사항을 잘 해결해 줄 수 있는 시험이다. 어휘력의 측면에서 보아도 실생활에서 우리는 이런 어려움을 겪는다. '단어 하나하나의 해석은 되는데 왜 전체적으로는 독해가 안 되고 해석이 안 될까?', '이 상황에서 저 말은 대체 무슨 뜻으로 쓰이는 걸까?'

그것은 바로 간단한 단어라도 초보적으로 배웠던 사전적 지식 외에 실생활에서는 다양한 뜻으로 활용되기 때문이다.

이처럼 네이티브와의 가장 적절한 의사소통에 초점을 둔 TEPS는 지극히 영어수험과 영어실용의 접목이라는 공인영어시험의 목적에 가장 합당한 인증시험이라 하겠다.

TOEIC이 점수 인플레로 상위권 수험생의 변별력을 상실했다는 비판이 많다. TEPS는 TOEIC과 같은 패턴의 지속적인 반복만으로는 해결할 수 없는 시험이다. 이에 학습자들도 이런 TEPS에 대한 관심과 욕구가 더욱 늘어나고 있는 현실이다.

필자는 좀 더 실용적이고 영어 실력 향상에 도움이 되는 TEPS에 대한 관심이 높아지고 있는 것은 고무적인 일이라 생각한다. 그리고 그런 TEPS를 연구하고 학습하는데, 이 'TEPS in TEPS 시리즈'가 선구자적인 역할을 하길 진심으로 바라는 마음으로 문제 하나 설명 하나에 세심한 신경을 쓰면서 작업에 임하였다.

혼자서는 할 수 없었던 작업에 언제나 도움이 되었던 분들께 감사의 마음을 전할까 한다. 늘 미안한 마음이 드는 가족들과, 사람in 출판사의 박효상 사장님, 김상호 팀장님, 조승주 대리님 그리고 이 책의 출간에 물심양면으로 도움을 주신 류건 선생님, 신일섭 조교, 윤이랑 조교에게도 아울러 감사의 뜻을 표하고 싶다.

PTT(Park's TEPS Teacher's Group) 대표 강사

박기혁

학생들의 자습서와 학원 교재의 성격을 둘 다 가질 수 있게 만들었다. 그래서 학원에서의 강의는 물론 독학용으로도 사용하도록 준비했다.

1. 상세한 해설을 통해 정답을 공략하는 법과 함께 오답을 피할 수 있는 Skill들을 제시하여 좀 더 높은 점수로의 도약이 가능하게 하였다.

2. TEPS의 4대 영역(독해, 어휘, 청해, 문법)과 기준 점수대별로 학습 목표와 가장 효율적인 방법들을 제시하여 좀 더 전문적이고 체계적인 학습자 맞춤형 학습이 가능하도록 하였다.

3. 애매모호한 이론이나 군더더기 설명을 최대한 배제하여 학습 시간 대비 효율성을 극대화하도록 구성하였다.

TEPS in TEPS

1. 기본기를 다지는 Preview와 Exercise

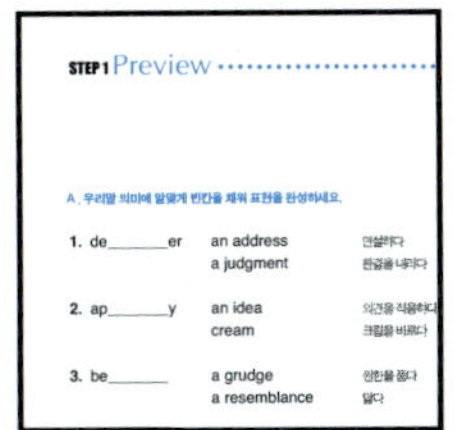

핵심 어휘를 정리하기 전에 자기 실력을 점검하는 간단한 테스트인 Preview와 핵심 어휘를 정리한 후 간단히 복습해보는 Exercise를 통해 실전 문제를 푸는 기본기를 다지도록 한다.

2. 핵심 어휘를 정리하는 Word Clinic

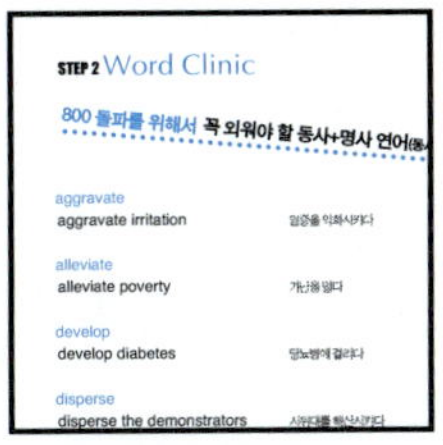

시험에 자주 출제되는 TEPS 어휘를 유형별로 정리했다. 특히 〈오답 피하기〉에 나오는 오답에 유의하면서 TEPS 어휘 시험의 빈출 표현을 확실히 외우도록 한다.

3. 자신만의 해결 노하우를 만들어가는 Actual Test

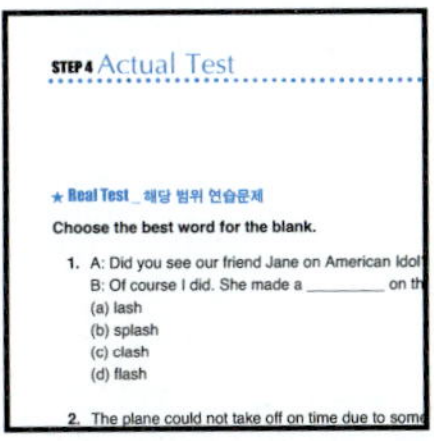

실전 연습 문제를 통해 실전에 대한 감각을 극대화하도록 한다. 5문제는 해당 챕터의 문제 유형을 확인하고, 10문제는 어휘 파트에 나오는 전 유형을 아우르며 학습할 수 있도록 하였다.

4. 독해와의 연계 학습이 가능한 Section Switch

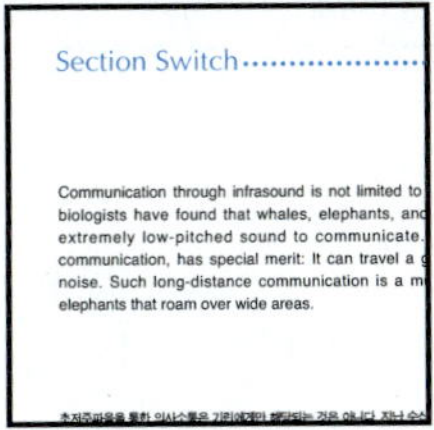

어휘 영역은 특히 TEPS의 다른 영역과 연계해서 학습할 수 있다. 테마별로 등장하는 독해 지문을 통해 독해 파트에서 자주 등장하는 어휘를 정리하도록 한다.

5. 실전보다 더 실전 같은 Final Test

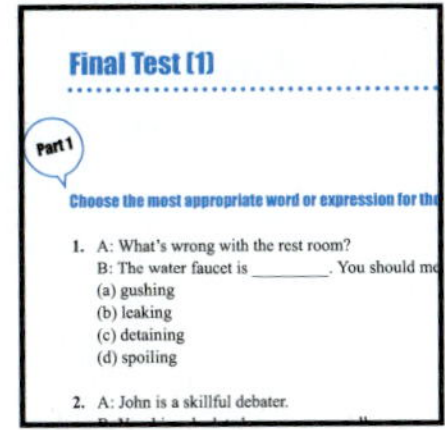

어휘 4회분의 모의고사를 실었다. 난이도는 정기시험과 동일하다. 실전 문제를 통해 정확한 자기 실력을 파악할 수 있다.

TEPS in TEPS

청해 파트의 어휘

토익과는 달리 TEPS의 어휘 시험은 대단히 난해하게 출제된다. 때때로 얼마 전의 독해에서 나온 유사 지문이 청해에 나오기도 한다. 따라서 청해의 고득점을 위해서는 대화체에서 나올 수 있는 간단한 단어들도 정리를 해야 하지만, 토익과는 달리 심도 있는 단어들도 정리를 해야 한다.

어휘 파트의 어휘

어휘는 대화체 Part 1, 문어체 Part 2에서 각각 25문제씩 출제되고 있으며, 출제 유형 및 빈도는 다음과 같다.

Part 1(총25문제)		Part 2(총25문제)	
일반 단어	6개-8개	일반 단어	8개-10개
연어	3개-4개	연어	3개-5개
숙어	5개-6개	숙어	4개-5개
이디엄(주로대화체)	3개-5개	이디엄(주로 대화체)	0개-1개
2어 동사	2개-3개	2어 동사	1개-2개
혼동어	1개-3개	혼동어	2개-4개

문법 파트의 어휘

문법 파트에서의 어휘는 어휘 파트에 비교한다면 상대적으로 무난한 단어들이 시험에 나온다. 다만 하나의 어휘를 중심으로 여러 가지 변형 형태를 제시해서 답을 찾으라는 문제가 주를 이루므로, 특히 동사와 형용사를 중심으로 가장 핵심이 되는 어원과 어근을 숙지해야 한다. 단어의 뜻을 알고 그에 따른 파생 어미의 품사를 안다면 TEPS 문법에서는 쉽게 고득점을 얻을 수 있다.

독해 파트의 어휘

독해 파트가 비중이 제일 높은 만큼(400점) 주제별로 단어를 잘 정리한다. 독해 파트의 어휘는 크게 3대 전문 분야와 그에 따른 상세 분야에서 나온다. 최근의 출제 빈도는 다음과 같다.

	상세 분야	최근의 출제 빈도
인문과학	문학, 역사	★★
	철학, 종교	★
	교육, 대학	★★
사회과학	정치, 외교	★★
	경제, 경영	★★★
	사회, 법률	★★★
자연과학	물리, 화학	★
	수학, 컴퓨터	★★
	생물, 의학, 인체	★★★
	지구과학, 우주, 환경	★★★

빈도수의 분류

★-정기시험 5,6회에 한 번씩 반드시 출제

★★-정기시험 3,4회에 한 번씩 반드시 출제

★★★-정기시험 1,2회에 한 번씩 반드시 출제

차례 Contents

Chapter 1

연어 Collocation

'연어(collocation)' 란 단어와 단어의 조합이면서도, 서로 결합된 단어가 숙어나 이디엄(idiom)처럼 원래의 뜻에서 크게 벗어나지 않는 것을 말한다. 따라서 연어는 얼핏 보기에 숙어나 이디엄과 완전히 구별이 되지는 않는다. 그러나 연어는 TEPS에서 아주 큰 비중을 차지하는 만큼, 각 유형별로 빈출하는 연어는 반드시 정리해 두어야 할 필요가 있다. 특히 TEPS 800점을 돌파하고자 하는 수험생이라면 〈동사+명사〉 연어, 〈동사+형용사〉 연어, 〈형용사+명사〉 연어, 〈명사+명사〉 연어, 〈전치사+명사〉 연어까지 꼼꼼히 익혀 두어야 한다.

A. 다음 빈칸에 공통으로 들어갈 단어를 쓰세요.

1. ___________ red   화를 내다
   ___________ nasty   불쾌해하다

2. ___________ a guideline   지침을 발표하다
   ___________ a statement   성명을 발표하다

3. ___________ an example   모범을 보이다
   ___________ the table   상을 차리다

4. ___________ one's (own) life   자살하다
   ___________ one's toll   손해를 끼치다

5. ___________ light on   ~을 해명하다, 설명하다
   ___________ a party   파티를 열다

B. 우리말 의미와 일치하도록 밑줄 친 단어 중 알맞은 것을 골라 체크하세요.

6. ☐ <u>swinging</u> vote   부동표
   ☐ <u>floating</u>

7. ☐ <u>strike</u> a balance   균형을 잡다
   ☐ <u>run</u>

8. ☐ <u>pledge</u> guilty   유죄를 인정하다
   ☐ <u>plead</u>

9. a ☐ <u>radius</u> of action   행동반경
   ☐ <u>ring</u>

10. ☐ <u>utility</u> bill   공과금
    ☐ <u>facility</u>

Answers

1. turn
2. issue
3. set
4. seize
5. throw
6. floating
7. strike
8. plead
9. radius
10. utility

800 돌파를 위해서 꼭 외워야 할 동사+명사 연어(동사 중심 정리)

aggravate
aggravate irritation   염증을 악화시키다

alleviate
alleviate poverty   가난을 덜다

develop
develop diabetes   당뇨병에 걸리다

disperse
disperse the demonstrators   시위대를 해산시키다

evade
evade tax   세금을 회피하다

issue
issue a guideline   지침을 발표하다
issue a statement   성명을 발표하다
issue a ticket   딱지를 떼다

leak
leak a secret   비밀을 누설하다

make
make an appointment   (만날) 약속을 잡다
make breakfast   아침식사를 준비하다
make the bed   침대를 정리하다
make an exception of   ~을 예외로 하다
make headway   전진하다
make money   돈을 벌다
make a fortune   큰돈을 벌다
make a speech   연설하다
make a reservation   예약하다
make a right   우회전하다
make a splash   깜짝 놀라게 하다

동사+명사 연어(동사 중심 정리)

mount
mount a challenge　　　도전하다

offer
offer advice　　　조언하다

pack
pack a bag　　　가방을 싸다

pass
pass muster　　　검열을 통과하다

pay
pay a visit　　　방문하다

perform
perform an autopsy　　　부검을 실행하다

play
play truant　　　학교를 무단결석하다

plead
plead ignorance　　　몰랐다고 변명하다

pose
pose a dilemma　　　진퇴양난에 빠지게 하다, 궁지에 몰아넣다

practice
practice contraception　　　피임하다

present
present a coupon　　　쿠폰을 제시하다

propose
propose an offer　　　제안하다

pull
pull muscles   근육이 당기다

put on
put on a lid   뚜껑을 덮다

quash
quash the verdict   평결을 파기하다

rack
rack one's brain   궁리하다

reach
reach a compromise   타협에 이르다
reach a plateau   정체기[안정기]에 도달하다

receive
receive a discount   할인을 받다

recoup
recoup the loss   손해액을 변상해 주다

regain
regain one's health   건강을 회복하다

secure
secure funding   자금을 구하다, 융자를 받다

see
see (much) life   다양한 경험을 하다

seek
seek employment   일자리를 구하다

동사+명사 연어(동사 중심 정리)

seize

seize one's (own) life	자살하다
seize one's temperature	체온을 재다
seize one's toll	손해를 끼치다

set

set an example	모범을 보이다
set the table	상을 차리다

settle

settle a dispute	분쟁을 해결하다

slash

slash prices	가격을 인하하다

stifle

stifle a yawn	하품을 참다

strike

strike a balance	균형을 잡다
strike a deal	거래를 성사시키다

take

take a chance	위험을 무릅쓰다, 모험을 하다
take a course	수강하다
take the floor	(의견을 발표하기 위해서, 춤추기 위해서) 일어서다
take A hostage	A를 볼모로 잡다
take the initiative	자발적으로 하다
take issue	대립하다, 논쟁하다
take lessons	교습을 받다
take measures	조치를 취하다
take root	뿌리를 박다
take (one's) oath	(증언대에서) 선서하다
take one's time	서두르지 않고 하다
take the subway	지하철을 타다

throw

throw the book at	~를 엄벌하다
throw a fit	짜증을 내다, 발작을 하다
throw a glance at	~을 힐끗 쳐다보다
throw up one's hands	두손들다, 단념하다
throw light on	~을 해명하다, 설명하다
throw a party	파티를 열다

ⓞ 오답 피하기 go[mark, crash, open, send, show] a party (X)

throw a tantrum	왈칵 짜증내다

ⓞ 오답 피하기 throw wrath (X), throw fury (X)

undergo

undergo surgery	수술을 받다

violate

violate the law	법을 위반하다

wage

wage a war	전쟁을 일으키다

weigh (up)

weigh (up) the consequence	결과를 숙고하다
weigh (up) an option	선택을 고민하다

ⓞ 오답 피하기 weigh (up) a decision (X)

work out

work out an answer	답을 내다, 해결책을 내다
work out an agreement	협약을 맺다, 협정하다
work out a deal	거래를 성사시키다
work out one's future	미래를 설계하다

800 돌파를 위해서 꼭 외워야 할 동사+명사 연어(명사 중심 정리)

lawsuit
file a lawsuit　　　　　소송을 제기하다

momentum
gather momentum　　　탄력이 붙다
regain momentum　　　만회하다

power
assume power　　　　　집권하다
come to power　　　　세력을 얻다
exercise one's power　권력을 행사하다
return to power　　　　재집권하다
take power　　　　　　집권하다
wield power　　　　　권력을 휘두르다

pressure
step up pressure　　　압력을 강화하다

pride
pocket one's pride　　자존심을 버리다
swallow one's pride　자존심을 버리다

problem
iron out the problem　문제를 해결하다

right
reserve one's right　　권리를 보유하다

service
render a service　　　서비스를 제공하다

skill
hone one's skill　　　기술을 연마하다
　○ 오답 피하기 honk skill (X), hoax skill (X)

time

bide one's time	기회를 엿보다[기다리다]
pass time	시간을 보내다

○ 오답 피하기 | waste time은 '시간을 낭비하다' 라는 의미.

spare the time	시간을 내다

○ 오답 피하기 | split the time (X)

take up too much time	시간이 너무 많이 걸리다

weight

gain weight	살이 찌다
shed weight	살이 빠지다 (= lose weight)
support weight	무게를 지탱하다

800 돌파를 위해서 꼭 외워야 할 동사+형용사 연어(동사 중심 정리)

fall

fall asleep	잠들다
fall ill[sick]	병들다
fall short	미달하다

make

make clear	명확하게 하다
make even	셈이 같아지다

plead

plead guilty	유죄를 인정하다

○ 오답 피하기 beg guilty (X), implore guilty (X), pledge guilty (X), swear guilty (X)

plead not guilty	무죄를 주장하다

run

run late	늦다, 지각하다
run low	고갈되다

turn

turn green	안색이 나빠지다
turn red	빨개지다, 화를 내다
turn nasty	불쾌해하다
turn sour	시큼해지다

wear

wear thin	닳아서 엷어지다

800 돌파를 위해서 꼭 외워야 할 형용사+명사 연어(형용사 중심 정리)

brazen
brazen impudence   철면피

casual
casual acquaintance   얼굴만 아는 사이

handsome
handsome gift   후한 선물
handsome profit   상당한 이익
handsome reward   두둑한 사례

late
late boomer   대기만성형

➲ 오답 피하기 continuous boomer (X)

lethal
lethal dose   치사량

➲ 오답 피하기 mortal dose (X)

local
local anesthesia   국소 마취
local animosity   옹졸한 증오

long
long face   시무룩한 얼굴
long position   매수인
long shot   가망 없는 시도

mere
mere formality   허례

perfect
perfect fit   꼭 들어맞는 것

primary
primary source   주요한 원천

형용사+명사 연어(형용사 중심 정리)

public
public vindication   공적인 해명

sexual
sexual harrassment   성추행

short
short fuse   성급함

small
small hours   한밤중

solid
solid reputation   굳건한 명성
solid booking   꽉 찬 예약

sore
sore spot   약점
sore throat   목이 아픔

splitting
splitting headache   머리가 쪼개질 듯이 심한 두통

technical
technical hitch   (기계 고장으로 인한) 일시 정지

ulterior
ulterior motive   숨은 의도

unleaded
unleaded gasoline   무연 휘발유

valued
valued member   우수 회원

wild

wild game	사냥감
wild guess	어림짐작, 대강의 추측

800 돌파를 위해서 꼭 외워야 할 형용사+명사 연어(명사 중심 정리)

asylum
political asylum   정치적 망명(지)

cause
good cause   대의명분

current
direct current   직류
alternating current   교류

driver
designated driver   지명 운전자(파티가 시작되기 전에 정하는 그날의 운전 당번)

education
tertiary education   사회 교육, 중등학교 이후의 모든 교육

food
junk food   쓰레기 음식(칼로리만 높고 영양가는 낮은 음식)
processed food   가공 식품

issue
back issue   과월호
thorny issue   까다로운 문제

lie
outright lie   새빨간 거짓말
❍ 오답 피하기 outworn은 '한물간' 이라는 의미.

material
radioactive material   방사성 물질

matter
spiritual matter   정신적인 문제

object
unidentified object   미확인 물체(UFO)

opinion
contrasting opinion	대조적인 의견
coincidental opinion	일치하는 의견

opportunity
once-in-a-lifetime opportunity	평생에 한 번 있는 기회

order
tall order	무리한 요구

parent
biological parent	생부모

party
ruling party	여당

phenomenon
transient phenomenon	일시적 현상

population
deaf population	청각장애인들

question
remaining question	남은 문제

○ 오답 피하기 | residing question (X), continuing question (X)

right
vested right	기득권

sentence
suspended sentence	집행유예

shot
big shot	거물
long shot	성공하기 힘든 일

형용사+명사 연어(명사 중심 정리)

signal
busy signal   통화 중임을 알리는 신호

spirit
indomitable spirit   불굴의 정신

status
marital status   (기혼, 미혼, 이혼 등의) 결혼 상황

substance
illegal substance   불법 약물

truth
immutable truth   불변의 진실

view
bigoted view   고집불통인 사고방식

vote
floating vote   부동표

800 돌파를 위해서 꼭 외워야 할 명사+명사 연어

asylum
asylum seeker (정치적) 망명자

blood
blood transfusion 수혈

cabinet
cabinet reshuffle 내각 개편

charge
service charge 서비스 요금

fume
exhaust fume 배기가스

life
life expectancy (보험 및 통계학 용어) 평균 여명
life-size 실물 크기의
life span 수명

line
battle line 전선(戰線)
bottom line 결론
unemployment line 실업급여를 받으려는 줄

name
household name 잘 알려진 이름

operation
heart by-pass operation 심장의 대체혈관 수술

paper
paper tiger 종이호랑이

run
production run 생산량

명사+명사 연어

savings
savings coupon   할인쿠폰

scare
bomb scare   폭파 협박

secret
secret follower   남몰래 추종하는 사람

shift
day shift   낮 근무

shooting
shooting rampage   총기 난사

sound
shrieking sound   비명 소리
○ 오답 피하기 clanging sound (X), roaring sound (X), clashing sound (X)

source
material source   원래의 자료

standing
standing ovation   기립 박수

surveillance
surveillance video   감시 카메라

swimming
swimming suit   수영복
○ 오답 피하기 wear dress (X)

tap
tap water   수돗물

touch
finishing touch 마무리 손질

traffic
traffic jam 교통체증

tree
tree rings 나이테

utility
utility bill 공과금

wall
wall outlet 콘센트

work
work station 작업 공간

800 돌파를 위해서 **꼭 외워야 할 전치사+명사 연어(전치사 중심 정리)**

beyond

beyond control　　　　　통제를 벗어난
beyond one's means　　 예산 범위를 벗어나는, 분수에 넘치는

out of

out of place　　　　　그 자리에 어울리지 않는
out of sync　　　　　조화되지 않는
out of this world　　 대단한
out of town　　　　　다른 곳 출신인, 다른 곳에 간
◎ 오답 피하기 | out of vicinity (X)

under

under pressure　　　　입력을 받고 있는

without

without a peer　　　　경쟁자 없는, 비길 데 없는
without reserve　　　 주저 없이

800 돌파를 위해서 꼭 외워야 할 부사+형용사(과거분사) 연어

badly, seriously, severely

badly injured	심하게 상처 입은
seriously injured	심하게 상처 입은
severely injured	심하게 상처 입은

arbitrarily

arbitrarily chosen	멋대로 선택한(선발된)

cordially

cordially invited	정중히 초대 받은

fully

fully guaranteed	전적으로 보증된

800 돌파를 위해서 꼭 외워야 할 명사+of/and+명사 연어

명사 + of + 명사

the chief area of interest	주 관심사
an act of perfidy	배반 행위
the apple of discord	분쟁의 씨 → apple은 '핵심' 이란 의미.
(a) bed of roses	안락한 환경
a bed of nails	바늘방석
the benefit of the doubt	(증거가 불충분할 경우) 무죄 추정
a blanket of fog	짙은 안개, 온 지역을 뒤덮은 안개
the blaze of publicity	대대적인 선전
a breach of contract	계약 위반
the chance of a lifetime	천재일우의 기회
a change of pace	기분 전환
depletion of resources	자원의 고갈
a fact of life	인생의 진리, 현실
frown of disapproval	불찬성의 찡그림
a glimmer of hope	한 가닥의 희망
haven of peace	안식처
a hotbed of crime	범죄의 온상
(an) invasion of one's privacy	사생활 침해
a labor of love	좋아서 하는 일
the lapse of time	시간의 경과
a man of individuality	개인주의자, 자신만 아는 사람
the name of the game	중요한 것
the pang of conscience	양심의 가책
the pang of jealousy	격렬한 질투심
the pang of nostalgia	심한 향수(병)
patches of fog	짙은 안개
a piece of cake	쉬운 일, 식은 죽 먹기
a pillar of society	사회의 역군
the power of attorney	위임장
qualms of conscience	양심의 가책
a radius of action	행동반경
a ring of truth	진실성
a rumble of thunder	우르릉 하는 천둥소리
the seat of power	권좌

a surge of anger	치미는 울화
the table of contents	목차
the twilight of one's life	말년, 인생의 황혼기
walk of life	인생의 계층 → all walks of life 각계각층
a whiff of perfume	향수를 한 번 뿌림
a woman of class	품위 있는 여자

명사 + and + 명사

breaking and entering	무단침입
clack and clatter	소란
nuts and bolts	기본, 요점
pros and cons	찬반양론
strips and slide	필름과 슬라이드
tooth and nail	필사적으로

기타

lost and found	분실물 센터
to and fro	앞뒤로
toss and turn	(잠을 못 이루고) 이리저리 뒤척이다

A. 빈칸에 알맞은 단어를 넣어 문장을 완성하세요.

1. Once the store decided to _________ prices, customers began to purchase goods. 그 상점이 가격을 인하하기로 결정하자마자 고객들이 상품을 구입하기 시작했다.

2. A small number of foreign lesbians are seeking safety through political ____________. 소수의 외국인 레즈비언들은 정치적 망명을 통해서 안전을 도모하고 있다.

3. If they are not fastened up, they play ___________ and run away; but, if fastened, they stay where they are.
   그들은 붙들어 매지 않으면(=통제를 하지 않으면) 학교를 무단결석하고 도망친다. 그러나 붙들어 매면(=통제를 가하면) 자신의 위치를 지킨다.

4. 64% of women of childbearing age ___________ contraception. The remaining 31% are either pregnant, infertile, or not sexually active.
   출산 가능 연령의 여성 중 64%가 피임을 한다. 남은 31%는 임신했거나 불임이거나 성적으로 불구다.

5. The Marcus company's ___________ of contract gave rise to a lawsuit.
   Marcus 회사의 계약 위반이 소송을 일으켰다.

B. 우리말 의미와 일치하도록 빈칸에 알맞은 단어를 쓰세요.

6. ___________ invited   정중히 초대 받은

7. production ___________   생산량

8. the ___________ of power   권좌

9. a woman of ___________   품위 있는 여자

10. a ___________ of thunder   우르릉 하는 천둥소리

Answers

1. slash
2. asylum
3. truant
4. practice
5. breach
6. cordially
7. run
8. seat
9. class
10. rumble

★ **Real Test**_ 해당 범위 연습문제

Choose the best word for the blank.

1. A: Did you see our friend Jane on American Idol?
   B: Of course I did. She made a ___________ on the show with her performance.
   (a) lash
   (b) splash
   (c) clash
   (d) flash

2. The plane could not take off on time due to some technical ___________.
   (a) hitch
   (b) turmoil
   (c) data
   (d) panorama

3. The ___________ of time made it difficult for her to remember exactly what happened.
   (a) ditch
   (b) fiasco
   (c) lapse
   (d) spite

4. This large tent is called a yurt and is a ___________ of peace for nomadic Mongolians.
   (a) caravan
   (b) patriarch
   (c) domicile
   (d) haven

5. The staff strike will be considered as a ___________ of contract by the company, and disciplinary action will be taken against them.
   (a) preach
   (b) beach
   (c) breach
   (d) reach

★**Random Test** _ 모든 범위의 연습문제

Choose the best word for the blank.

6. The Freedom of Information Act gives private citizens __________ government files.
   (a) access to
   (b) excess of
   (c) redress of
   (d) release from

7. The alliance is in serious trouble now as the recent meeting failed to __________ the deadlock on political reservations.
   (a) break
   (b) cut
   (c) loose
   (d) talk

8. The new fair trade policies provided a __________ opportunity for small and marginal entrepreneurs to sell their products.
   (a) white
   (b) silver
   (c) golden
   (d) cold

9. The decisions made by the new director are in __________ contrast to the original purpose and objectives of this organization.
   (a) strong
   (b) starch
   (c) stark
   (d) strain

10. All the top leaders of the opposition party have been placed __________ house arrest by the government.
   (a) outside
   (b) inside
   (c) over
   (d) under

11. The __________ part of the body can be removed through surgery.
   (a) discharged
   (b) disturbed
   (c) deceased
   (d) diseased

12. Before launching the ambush, the general ordered his troops to __________ their watches.
   (a) break
   (b) unwind
   (c) synchronize
   (d) throw

13. Modern warfare strategies focus upon manipulating the media to __________ public support for their cause.
   (a) elect
   (b) gain
   (c) represent
   (d) report

14. Hindus have the strong belief that our soul continues for all __________.
   (a) creativity
   (b) brevity
   (c) stability
   (d) eternity

15. Because of their communication __________, they found it difficult to be happy.
   (a) mixed
   (b) mix
   (c) mix-up
   (d) mixing up

Section Switch

The dollar was down again on foreign markets, but the price of gold and silver held steady. The possibility of another oil price increase is spreading fears in the financial world of more inflation on the global scene. Business leaders are beginning to express a desire for some kind of control, since raising interest rate doesn't seem to have any positive effect on the situation.

Translation

외국 시장에서 달러는 다시 하락하였지만 금과 은의 가격은 안정세를 유지했다. 또 한 차례의 유가 상승 가능성은 전 세계적으로 더 많은 인플레이션을 부추길 것이라는 우려를 금융계에 확산시키고 있다. 재계 지도자들은 모종의 통제를 바라는 의사를 나타내기 시작하고 있다. 왜냐하면 상승하는 이자율은 현 상황에 어떠한 긍정적인 영향도 미칠 것 같지 않기 때문이다.

Vocabulary

hold steady 안정세를 유지하다
financial 재정의, 금융의
inflation 인플레이션 (↔ deflation)
interest rate 이자율

Chapter 2

숙어(1)

숙어란 두 개 이상의 단어들이 결합해서 각 단어가 원래 가지고 있는 의미와는 전혀 다른 새로운 뜻을 만들어내는 경우를 말한다. 예를 들어, bring home the bacon은 '생계를 꾸려나가다'라는 뜻인데, bacon에는 '생계'라는 의미가 들어 있지 않다. 그러나 서양인들이 아침으로 먹는 주식이 bacon이다 보니 우리나라의 '밥벌이'와 같은 말이 된 것이다.

숙어는 다양한 방식의 암기가 생명이다. 따라서 이번 챕터와 다음 챕터에서 제시하는 숙어를 주제별·키워드별로 잘 숙지하기 바란다.

A. 우리말 의미와 일치하도록 밑줄 친 단어 중 알맞은 것을 골라 체크하세요.

1. ☐ <u>hit</u> a bell 생각나게 하다
    ☐ <u>ring</u>

2. ☐ <u>run</u> in the family 집안 내력이다
    ☐ <u>go</u>

3. ☐ <u>compare</u> notes 의견을 교환하다
    ☐ <u>charge</u>

4. ☐ <u>dig</u> in one's heels 완강하게 고집하다
    ☐ <u>stick</u>

5. miss the ☐ <u>boat</u> 기회를 놓치다
       ☐ <u>road</u>

B. 다음 빈칸에 공통으로 들어갈 단어를 쓰세요.

6. make one's __________   출세하다
    have one' __________   제멋대로 하다

7. above __________   액면 이상의, 표준 이상의
    up to __________   수준에 맞는, 표준에 달하는

8. eat one's __________   (~라면) 손에 장을 지지다
    throw one's __________ into the ring (시합, 싸움 등에) 도전할 의사를 보내다

9. make up one's __________   결심하다
    slip one's __________   깜빡하다, 잊다

10. as fit as a __________   원기 왕성한
    play second __________   단역을 맡다, 뒷전이다

800 돌파를 위해서 꼭 외워야 할 숙어(ㄱ - ㅂ까지)

가슴(chest)

get something off one's chest 　　　　걱정을 털어 버리다

가족(family)

run in the family 　　　　집안 내력이다

갈고리(hook)

let A off the hook 　　　　A를 자유롭게 해 주다
ring off the hook 　　　　전화가 계속 걸려오다
get A off the hook 　　　　A를 궁지에서 벗어나게 하다

거래(bargain)

drive a hard bargain 　　　　유리한 거래를 하다

게임(game)

the name of the game 　　　　가장 중요한 점, 본질
a whole new ball game 　　　　완전히 새로운 상황

견과의 껍질(nutshell)

in a nutshell 　　　　아주 간결한 말로

계란(egg)

lay an egg 　　　　실패하다
walk on eggs[eggshells] 　　　　조심스럽게 행동하다

계산서(bill)

split the bill 　　　　비용을 각자 부담하다
fill the bill 　　　　~값만큼의 가치가 있다; 필요한 표준에 달하다

공(ball)

ball park 　　　　대략의
The ball is in A's court 　　　　A의 차례다
have a ball 　　　　즐거운 시간을 보내다
hit the ball 　　　　척척 진행하다
keep the ball rolling 　　　　하던 대로 계속 진행하다, (이야기 등을) 계속 이끌어 나가다
on the ball 　　　　빈틈없이, 철저하게, 능숙하게
keep one's eye on the ball 　　　　방심하지 않다, 주의를 계속 기울이다

궤도(track)

on the right track   잘하고 있는
on the track of   ~을 찾고 있는, 추적하여

금(gold)

worth one's weight in gold   상당한 가치가 있는, 아주 귀중한

기름(oil)

burn the midnight oil   밤늦게까지 일하다[공부하다]

길(way)

rub A in the wrong way   A를 화나게 하다
go a long[great] way   크게 도움이 되다
give way to   ~에 지다, 양보하다
have a (real) way with   ~을 잘하다, 잘 다루다
have one's way   제멋대로 하다
know one's way around   ~에 대하여 잘 알다
pave the way for   ~의 길을 열다, ~을 가능하게 하다
make one's way   나아가다; 출세하다, 성공하다
by the way   (화제 전환 시) 그런데
by way of   ~을 경유해서; ~으로서
look the other way   외면하다
in the way   방해가 되는
on the way   ~하는 중에
under way   진행 중인
have it both ways   양다리 걸치다
two-way street   호혜적인 관계
Way to go!   (응원할 때) 잘한다!, 힘내라!

까마귀(crow)

as the crow flies   직선거리로

끝(end)

at the end of one's rope   인내력이 다하여
at one's wit's end   어찌할 바를 몰라
at one's fingers' ends   (~에) 정통하여

dead end	막다른 골목
put an end to	~을 끝내다
bring ~ to an end	~을 끝내다
come to an end	끝나다
go off the deep end	자제력을 잃다
the end of the road	(일 · 관계 등의) 끝, 최후, 인생의 최후

나무(wood)

knock on wood	(불길함을 떨치기 위해) 나무 막대기 등을 두드리며 주문을 외다

나비(butterfly)

have butterflies in one's stomach	(긴장, 걱정 등으로) 가슴이 두근거리다

노트(note)

compare notes	의견을 교환하다

뇌(brain)

beat[rack] one's brain(s)	머리를 짜다

눈(eye)

cry one's eyes out	눈이 붓도록 울다
hit A between the eyes	A에게 큰 충격을 주다, A를 깜짝 놀라게 하다
not see eye to eye	서로 뜻이 안 맞다
have an eye on	~을 주의 깊게 살피다
not bat an eyelid	눈 하나 깜짝하지 않다
pull[draw] the wool over A's eyes	A의 눈을 속이다
keep one's eye on the ball	방심하지 않다, 경계하다
turn a blind eye to	~을 못 본 체하다
keep an eye on	~에 유의하다

◐ 오답 피하기 pay[watch, see] an eye on (X)

bright-eyed and bushy-tailed	발랄한, 기운찬

눈물(tear)

shed crocodile tears	거짓 눈물을 흘리다

숙어(ㄱ - ㅂ까지)

다리(leg)

Break a leg!	행운을 빌어!
cost an arm and a leg	거금이 들다
pull A's leg	A를 놀리다, 희롱하다
on one's last legs	매우 지친
Shake a leg!	서둘러!
not have a leg to stand on	변명의 여지가 없다

닭(chicken)

chicken feed	새 발의 피, 소량

담요(blanket)

a wet blanket	흥을 깨는 사람

담장(fence)

sit[be, stand] on the fence	형세를 관망하다, 중립을 지키다

도끼(ax)

have an ax to grind	딴 속셈이 있다

돈(money)

Money talks	돈이면 된다

동등(par)

above par	액면 이상의, 표준 이상의
on a par with	~과 동등한
up to par	수준에 맞는, 표준에 달하는
par for the course	일상적인, 당연한, 보통의

동전(coin)

flip a coin	동전을 던져서 결정하다

둘(two)

put two and two together	여러 가지 자료에 의해 결론짓다
put in one's two cents worth	자기 의견을 분명히 말하다

등(back)

a pat on the back   격려

마음(mind)

bear ~ in mind   ~을 명심하다
blow A's mind   A를 감동시키다
cross one's mind   (생각이) 문득 떠오르다
give A a piece[bit] of one's mind   A에게 잔소리하다, 솔직한 마음을 전하다
have half a mind to-V   ~해 볼까 생각하다
make up one's mind   결심하다
out of one's mind   제정신이 아닌, 미친 *cf.* in one's right mind 제정신인
slip one's mind   깜빡하다, 잊다
    ◐ 오답 피하기 split one's mind (X)
have ~ on one's mind   ~을 염두에 두다
absent-minded   깜빡깜빡 잘 잊어버리는
mind one's P's and Q's   언행을 조심하다

마차(wagon)

jump[get, hop, climb] on the bandwagon   시류에 편승하다, 우세한 쪽에 붙다
on the wagon   술을 끊고
off the wagon   술을 다시 마시기 시작하여

막대기(stick)

get the short end of the stick   정말 어이없는 일을 당하다

말(word)

mark A's words   A의 말에 주목하다
look up a word in a dictionary   사전에서 단어를 찾다
go back on one's word   약속을 어기다
a man of his word   약속을 잘 지키는 사람
swallow one's words   앞서 한 말을 취소하다
have words with   ~와 말다툼하다
as good as one's word   약속을 지키는
weigh one's words   말을 신중하게 하다
take A's word for it   A의 말을 그대로 믿다
word of mouth   구전의

말(horse)

Hold your horses!	서두르지 마!
beat a dead horse	헛수고하다

머리(head)

above[over] one's head	너무 어려워서 이해할 수 없는; 자기 능력 이상으로 잘 해낸
come to a head	곪아서 터질 듯하다, 위기에 처하다
get one's head together	머리를 식히다, 냉정을 찾다
hard-headed	완고한
head and shoulders	우수한, 월등한
head on	정면으로
head off	가로막다, 저지하다
keep one's head over water	빚지지 않고 유지하다
bury one's head in the sand	현실을 외면하다
make heads or tail of	[부정문·의문문으로] ~을 이해하다
head to head	대접전의
off the top of one's head	즉석에서, 깊이 생각하지 않고
put one's heads together	머리를 맞대고 의논하다

모자(hat)

eat one's hat	(~라면) 손에 장을 지지다
talk through one's hat	헛소리하다
throw one's hat into the ring	(시합, 싸움 등에) 도전할 의사를 보내다

목(neck)

neck and neck	막상막하의
breathe down A's neck	(경주 등에서) A에게 바싹 다가가다
a pain in the neck	두통거리, 골칫거리
stick one's neck out	위험을 자초하다

목구멍(throat)

clear one's throat	(말을 시작하기 전에) 헛기침을 하다
have a lump in one's throat	목이 메다
cut one's own throat	스스로 파멸하다

목소리(voice)
give A a voice   A에게 말할 기회를 주다

몸(body)
Over my dead body!   내 눈에 흙이 들어가기 전에는 절대로 안 돼!

무게(weight)
carry a lot of weight with   ~에게 큰 영향력을 행사하다
give weight   관록이 붙다
pull one's weight   자신의 역할을 다하다

물(water)
like a fish out of water   (물 밖으로 나온 물고기처럼) 그 장소에 어울리지 않는
hold water   이치에 맞다
in hot water   곤란하여, 곤경에 처하여
draw water to one's mill   자신에게만 이롭도록 하다(아전인수)
water under the bridge   이미 지나간 일

밑바닥(bottom)
scrape the bottom of the barrel   모든 수단을 강구하다

바늘(needle)
on pins and needles   초조해하는, 불안해하는
look for a needle in a haystack   헛수고하다(백사장에서 바늘 찾기)

바닥(floor)
take the floor   (춤추기 위해서, 의견 발표를 위해서) 일어서다

바람(wind)
take wind   소문으로 퍼지다
get wind of   ~을 풍문으로 듣다
get the wind up   (두려워서) 깜짝 놀라다
get one's second wind   원기를 회복하다
◐ 오답 피하기 | get one's second spirit (X)

바위(rock)

between a rock and a hard place   이러지도 저러지도 못하는
on the rocks   술에 얼음만 넣은; 붕괴된, 파산한

바이올린(fiddle)

as fit as a fiddle   원기 왕성한
play second fiddle   단역을 맡다, 뒷전이다

발(foot, feet)

drag one's feet   필요 이상으로 지연하다
get cold feet   겁먹다, 주춤하다, 용기를 잃다
follow in A's footsteps   A의 선례를 따르다
put one's foot down   단호한 태도를 취하다
foot the bill   돈을 치르다
stamp one's feet   발을 구르다

발뒤꿈치(heel)

dig in one's heels   완강하게 고집하다
head over heels   푹 빠져들어

방망이(bat)

go to bat for   ~를 변호하다
right off the bat   지체 없이

벨(bell)

ring a bell   생각나게 하다

벽(wall)

climb the wall   초조해하다
drive A up a wall   A를 짜증나게 하다
go to the wall   궁지에 빠지다
beat one's head against the wall   헛수고하다
see[read] the handwriting on the wall   파국의 조짐을 보다

보트(boat)

miss the boat   기회를 놓치다

be in the same boat	같은 배를 타다, 같은 운명에 처해 있다
rock the boat	평지풍파를 일으키다

불(fire)

fight fire with fire	똑같은 방법으로 싸우다
open fire	발포하다
hang fire	지연되다
under fire	공격을 받고 있는

비(rain)

rain cats and dogs	비가 억수같이 내리다
take a rain check	(약속 · 초대 등을) 나중으로 미루다

비버(beaver)

an eager beaver	열심히 일하는 사람

빛(light)

bring ~ to light	~을 밝히다, 폭로하다
the green light	(계획에 대한) 허가, 승인
out like a light	완전히 정신을 잃은
in light of	~을 고려하여
see the light	이해하다, 깨닫다
see the light of day	햇빛을 보다 , 세상에 나오다
see the light at the end of the tunnel	이제야 끝이 보이다
shed[throw] light on	~을 설명하다, 해명하다

뼈(bone, skeleton)

to the bone	뼛속까지, 완전히, 철저히
a skeleton in the closet[cupboard]	(외부에 밝히기 싫은) 수치스런 비밀
bone up on	~을 열심히 공부하다
work one's fingers to the bone	몸을 사리지 않고 일하다, 뼈 빠지게 일하다
a bone of contention	분쟁의 원인

뿔(horn)

draw in one's horns	아껴 쓰다
on the horns of a dilemma	진퇴양난인

A. 문맥이 통하도록 두 단어 중 알맞은 것을 고르세요.

1. I was supposed to prepare for my girlfriend's birthday party, but it completely (slipped / split) my mind.

나는 여자친구의 생일파티를 준비하기로 되어 있었는데, 완전히 까먹었다.

2. He is (climbing / clinging) the wall because the check bounced .

그는 수표가 부도나서 초조해하고 있다.

3. He (cleared / washed) his throat and got up on stage.

그는 헛기침을 하고 강단에 올랐다.

4. What you're doing is like (burying / digging) your head in the sand.

네가 하고 있는 짓은 현실을 외면하려는 행동이야.

B. 빈칸에 공통으로 들어갈 단어를 쓰세요.

5. a) They all decided to jump on the band___________ rather than to fight.
b) I decided that it's better to be on the ___________ and to study.

a) 그들은 모두 싸우느니 차라리 시류에 편승하기로 결정했다.
b) 나는 술을 끊고 공부하는 것이 더 낫다고 결정했다.

6. a) If his words are true, I'll eat my ___________.
b) She talks through her ___________ whenever she gets angry.

a) 그의 말이 사실이라면 내 손에 장을 지지겠어.
b) 그녀는 화가 날 때마다 헛소리를 한다.

7. a) The disagreement will become a ___________ of contention in the future.
b) I've been working my fingers to the ___________ trying to complete the job.

a) 그 의견 차이는 미래에 분쟁의 원인이 될 것이다.
b) 나는 그 일을 끝마치려고 뼈 빠지게 일해 왔어.

Answers

1. slipped
2. climbing
3. cleared
4. burying
5. wagon
6. hat
7. bone

★ **Real Test** _ 해당 범위 연습문제

Choose the best word for the blank.

1. A: Bob told me that the boss let him off the __________ with that extra work.
   B: Yeah, he explained to his boss that he was already overloaded.
   (a) hindrance
   (b) hook
   (c) catch
   (d) clasp

2. A: I really think you're my best friend.
   B: Really? You know, sometimes you just __________!
   (a) blow down
   (b) blow hot and cold
   (c) blow my mind
   (d) blow my nose

3. A: When I think about the presentation, I get __________ in my stomach.
   B: Are you really feeling so nervous about it?
   (a) worms
   (b) insects
   (c) butterflies
   (d) fish

4. A: If I lose, I will __________!
   B: It's a deal!
   (a) eat my hat
   (b) fling my hands up
   (c) eat my hands
   (d) fire on my hands

5. The world community cannot turn a __________ eye towards the widespread abuse
   of human rights taking place in this country.
   (a) deaf
   (b) blink
   (c) bent
   (d) blind

★Random Test _ 모든 범위의 연습문제

Choose the best word for the blank.

6. A: Walter was really in the __________ last weekend.
B: Why? Did he forget his wife's birthday again?
(a) house
(b) home
(c) ceiling
(d) doghouse

7. A: Did you make up with Joe?
B: Yes. After a long talk, we finally __________ the air.
(a) cleared
(b) dropped
(c) felt
(d) swept

8. A: Tom, what I told you was confidential. I want you to keep it under your __________.
B: I won't tell anyone. You have my word.
(a) hat
(b) eyes
(c) nose
(d) feet

9. Tom tried to __________ with the new teacher by doing little services that she didn't really want.
(a) put up
(b) curry favor
(c) keep pace
(d) keep up

10. Be sure you __________, so that I know what information I'm supposed to present at the meeting.
(a) keep the faith
(b) keep me posted
(c) keep your shirt on
(d) keep the ball rolling

11. If the policy does not succeed in reviving the economy, he will resign __________.
    (a) in full accord
    (b) of his own
    (c) of his own accord
    (d) according to the regulation

12. Before you jump to __________, do some further research to avoid making a fool of yourself.
    (a) conclusions
    (b) inference
    (c) confession
    (d) high

13. The trekker was on the __________ of falling down the cliff when the mountain guide grabbed him and pulled him back over the rock.
    (a) purge
    (b) urge
    (c) verge
    (d) surge

14. The discovery of the relics in the caves of these mountains throws a new __________ on the history of this unknown civilization.
    (a) rock
    (b) light
    (c) ball
    (d) arrow

15. One day without notice, she had a sudden __________ at the job.
    (a) crack
    (b) hand
    (c) moment
    (d) misfortune

Section Switch 

Americans who are suffering from a terminal illness and want to end their lives can be driven to desperate measures. Last year, a woman with Alzheimer's disease flew from Oregon to Michigan to meet a physician who had built a "suicide machine." She pulled the switch on the machine, giving herself a lethal dose of drugs. Ideally, physicians could help patients die painlessly and with dignity. But physicians in the U.S. are prohibited from administering or even (in most states) simply giving a lethal dose of drugs to a suicidal patient; withdrawal of treatment, which sometimes increases sufferings, is the only legal option.

Translation

불치병을 앓고 있어서 자신의 삶을 마감하고 싶어 하는 미국인들은 자포자기하는 수단으로 내몰릴 수 있다. 지난해에 알츠하이머병을 앓고 있는 한 여성이 오리곤에서 미시간까지 비행기를 타고 가서 "자살 기계"를 만든 의사를 만났다. 그녀는 그 기계의 스위치를 잡아당겨 자신에게 치사량의 약을 놓았다. 이상적으로 보자면, 의사들은 환자들이 고통 없이 그리고 품위 있게 죽도록 도와줄 수 있을 것이다. 그러나 미국의 의사들은 자살하려는 환자에게 치사량의 약을 투여하거나, 심지어 (대부분의 주에서는) 그냥 주기만 하는 것도 금지되어 있다. 때때로 고통을 가중시키기도 하는 치료를 중단하는 것만이 합법적으로 선택할 수 있는 유일한 길이다.

Vocabulary

desperate 자포자기의; 필사적인
terminal 불치의, 가망이 없는
lethal 치사의
with dignity 위엄 있게
administer (약 등을) 투여하다
suicidal 자살하려는
withdrawal (약의) 투여 중지
suffering 괴로움, 고통

Chapter 3

숙어(2)

숙어란 두 개 이상의 단어들이 결합해서 각 단어가 원래 가지고 있는 의미와는 전혀 다른 새로운 뜻을 만들어내는 경우를 말한다. 예를 들어, bring home the bacon은 '생계를 꾸려나가다'라는 뜻인데, bacon에는 '생계'라는 의미가 들어 있지 않다. 그러나 서양인들이 아침으로 먹는 주식이 bacon이다 보니 우리나라의 '밥벌이'와 같은 말이 된 것이다.

Chapter 2에 이어 이러한 숙어 표현을 계속해서 살펴보기로 한다.

A. 우리말 의미와 일치하도록 빈칸에 들어갈 알맞은 단어를 고르세요.

1. sign on the ___________ line   사후승낙을 강요당하다
   ☐ dotted ☐ blanked

2. Jack of all ___________   다재다능한 사람
   ☐ jobs ☐ trades

3. sleep like a ___________   정신없이 자다
   ☐ log ☐ dog

4. ___________ fingers   서투른 사람
   ☐ hard ☐ butter

5. ___________ the pill   싫은 것을 좋게 보이게 하다
   ☐ cover ☐ sugar

B. 빈칸에 공통으로 들어갈 단어를 쓰세요.

6. give it a ___________   한번 해 보다
   give ~ one's best ___________   ~에 최선을 다하다

7. ___________-hot   최신의
   run a ___________ light   빨간 신호등을 무시하고 달리다

8. draw the ___________   한계를 두다
   drop a ___________   편지를 쓰다, 소식을 보내다

9. have a ___________ in the pie   관여하다, 참견하다
   not lift a ___________   손가락 하나 까딱하지 않다

10. catch one's ___________   한숨 돌리다
   save one's ___________   잠자코 있다

Answers
1. dotted
2. trades
3. log
4. butter
5. sugar
6. shot
7. red
8. line
9. finger
10. breath

800 돌파를 위해서 꼭 외워야 할 숙어(ㅅ - ㅎ까지)

사과(apple)

the apple of one's eye	매우 소중한 것
polish the apple	아첨하다
rotten apple	암적인 존재
upset the applecart	판을 깨다
like comparing apples and oranges	완전히 다른 것들을 비교하는; 거기서 거기인

사지(limb)

go out on a limb	위험한 예측이나 모험을 하다

산(mountain)

make a mountain out of a molehill	사소한 문제를 거창하게 말하다

산들바람(breeze)

shoot the breeze	잡담을 하다

빨간색(red)

in the red	적자인, 빚지고 있는 *cf.* in the black 흑자인
red tape	관료적 형식주의, 까다로운 민원절차
red-carpet	극진한, 융숭한 *ex.* a red-carpet reception 극진한 환영
red-hot	최신의
run a red light	빨간 신호등을 무시하고 달리다

청색(blue)

blue blood	귀족의 혈통
blue-chip company	우량기업
out of the blue	느닷없이, 뜻밖에
once in a blue moon	아주 드물게

흰색(white)

white elephant	성가신 물건, 처치 곤란한 물건
put on[stand in] a white sheet	참회하다, 회개하다

생각(thought)

give it a thought	그것을 생각해 보다

➤ 오답 피하기 give it an idea (X), give it decision (X)

have second thoughts	재고하다

샷(shot)

call the shots	명령하다, 지휘하다
give it a shot	한번 해 보다
give ~ one's best shot	~에 최선을 다하다
not by a long shot	조금도 ~아니다
sneak shot	몰래 찍는 사진
shot in the dark	추측, 억측

선(line)

draw the line	한계를 두다
drop A a line	A에게 편지를 쓰다, 소식을 보내다
get off the line	전화를 끊다
lay[put] it on the line	까놓고 말하다
read between the lines	행간을 읽다, 숨은 의미를 알아내다
toe the line	통제에 따르다, 규칙을 지키다
sign on the dotted line	사후승낙을 강요당하다
put ~ on the line	~을 걸고 하다; ~에 대해 단호한 태도로 솔직하게 말하다

선례, 짝(suit)

follow suit	선례를 따르다, 남이 하는 대로 하다 → 카드놀이에서 앞사람의 패와 같은 것을 내는 것에서 유래한 표현이다.

셔츠(shirt)

give A the shirt off one's back	A에게 아낌없이 모두 주다
lose one's shirt	알거지가 되다

소금(salt)

take ~ with a grain of salt	~을 액면 그대로 받아들이지 않다
worth one's salt	밥값을 하는

손(hand)

at hand	임박한, 가까운 장래에
get the upper hand	우위를 차지하다
get out of hand	통제를 벗어나다, 감당 못하다
give A a big hand	A에게 갈채를 보내다, 환호하다
give a free hand to	~에게 결정권을 주다

an old hand	노련한 사람, 숙련가
have ~ on hand	~을 가지고 있다
have one's hand in	~에 관여하다
have one's hands full	매우 바쁘다
in A's hands	A의 손아귀에 있는
tie the hands that feed	은혜를 원수로 갚다
give a hand	도와주다
have one's hand in the cloud	몽상에 잠겨 있다
ask for a lady's hand	여자에게 청혼하다
live from hand to mouth	그날 벌어 그날 먹고 살다
on hand	수중에 있는, 이용 가능한
a bird in the hand	확실한 소유물
hand down	~을 (후세에) 남기다, 물려주디
hand in	~을 제출하다
win hands down	손쉽게 이기다

손가락(finger)

butter fingers	서투른 사람
keep one's fingers crossed	행운을 빌다
light-fingered	손버릇이 나쁜
have a finger in the pie	관여하다, 참견하다
at one's fingers' ends	(~에) 정통하여
not lift a finger	손가락 하나 까딱하지 않다

손잡이(handle)

get a handle	능숙하게 처리하다
fly off the handle	자제심을 잃다, 발끈하다

손해(loss)

cut one's losses	(손해 보는 투기 등에서) 손을 떼다

숨(breath)

catch one's breath	한숨 돌리다
save one's breath	잠자코 있다
take a deep breath	심호흡을 하다

숙어(ㅅ - ㅎ까지)

시간(time)

all the time	항상
behind time	늦은
behind the times	시대에 뒤진
bide one's time	때를 기다리다
face time	시간만 때우는 근무
from time to time	가끔, 때때로
give A a hard time	A를 힘들게 하다
keep good time	(시계가) 시간이 맞다
gain time	(시계가) 빠르다
lose time	(시계가) 늦다
make time	(늦은 것을 만회하려고) 서두르다
take time	시간이 걸리다; 천천히 하다
take one's time	서두르지 않다, 천천히 하다
in the nick of time	아슬아슬한 때에, 꼭 알맞은 때에

시계(clock)

like clockwork	규칙적으로
turn back the clock	시간을 되돌리다

신(god)

an act of God	불가항력적인 일

신발(shoes)

fill A's shoes	A를 대신하다
in A's shoes	A의 입장에 있는

싼 물건(bargain)

a bargain hunter	바겐세일만 찾는 사람

악마(devil)

Speak of the devil	호랑이도 제 말하면 온다

알약(pill)

sugar the pill	싫은 것을 좋게 보이게 하다

양동이(bucket)

a drop in the bucket   (무시해도 좋을 만큼) 소액, 소량

어깨(shoulder)

get the cold shoulder   딱지를 맞다
give a cold shoulder to   ~를 냉대하다
have a chip on one's shoulder   시비조로 나오다, 싸우려고 하다
head and shoulders   우수한, 뛰어난
speak straight from the shoulder   단도직입적으로 이야기하다

얼굴(face)

face the music   당당히 벌을 받다, 잘못을 인정하다
face to face   얼굴을 맞대고
keep a straight face   웃지 않다, 정색하다
lose face   체면을 잃다
save face   체면을 지키다, 체면이 서다
make a face   얼굴을 찌푸리다
pull a long face   시무룩한 표정을 짓다
fly in the face of   (공공연히) ~에 반대하다
in the face of   ~에도 불구하고
a slap in the face   모욕

얼음(ice)

break the ice   어색한 분위기를 깨다
cut no ice   아무런 영향도 주지 않다

엄지손가락(thumb)

by rule of thumb   어림으로, 대충
have a green thumb   원예에 재주가 있다
all thumbs   손재주가 없는
thumb a ride   히치하이크 하다
twiddle one's thumbs   빈둥거리다
stick out like a sore thumb   눈에 잘 띄다

역사(history)

The rest is history   나머지 이야기는 알고 있는 그대로다

숙어(ㅅ - ㅎ까지)

오리(duck)

lame duck　　레임덕(집권 말기의 권력 누수 현상); 뭔가 이치가 맞지 않는

의심(doubt)

beyond the shadow of a doubt　　의심할 여지없이

give A the benefit of the doubt　　(증거가 불충분한 경우) A에게 유리하게 해석하다

이(teeth)

fight teeth and nails　　필사적으로 싸우다

by the skin of one's teeth　　가까스로, 간신히

have a sweet tooth　　단 음식을 좋아하다

이름(name)

call A names　　A를 욕하다　*cf.* **call A's name** A의 이름을 부르다

on a first-name basis　　서로 이름 부르는 사이인, 친한

입(mouth)

by word of mouth　　말로

down in the mouth　　낙담하여, 풀이 죽어

have a big mouth　　수다스럽다, 허풍을 떨다

have a dirty mouth　　야한 말을 잘하다

have one's heart in one's mouth　　몹시 걱정하다, 안절부절못하다, 겁에 질리다

live from hand to mouth　　그날 벌어 그날 먹고 살다

be born with a silver spoon in one's mouth　　부잣집에 태어나다

say a mouthful　　중요한[적절한] 말을 하다

straight from the horse's mouth　　믿을 만한 소식통으로부터, 본인의 입으로부터

take the words out of A's mouth　　A의 말을 가로채다

put one's foot in one's mouth　　실언을 하다

자르다(cut)

cut corners　　절약하다; 지름길로 가다

cut down on　　~을 줄이다

cut off　　중단하다, (통화 등을) 가로막다

cut[make] a fine figure　　이채를 띠다, 두각을 나타내다

cut A dead　　A를 보고도 모른 체하다

cut-and-dried　　미리 준비된, 미리 결정된; 신선함이 없는, 틀에 박힌

be cut out for · ~에 적합하다, ~에 적임이다
cut like a knife · (바람이) 살을 에는 듯하다

잠(sleep)

catch up on one's sleep · 밀린 잠을 자다
have a good night's sleep · 푹 자다
sleep like a log · 정신없이 자다

장미(rose)

come out[up] smelling like a rose · 결과가 좋게 되다, 생각지도 않은 행운을 만나다

재난, 화(trouble)

ask for trouble · 화를 자초하다

잭(Jack)

Jack and Jill · 청춘남녀
jack in the box · 도깨비 상자, 뚜껑을 열면 인형이 튀어나오는 장난감
Jack of all trades · 다재다능한 사람
Jack of all trades, and master of none · 다재는 무능이다

점, 자리(spot)

hit the spot · 만족스럽다

줄(string)

touch a string in A's heart · A의 심금을 울리다, A를 감동시키다
pull some strings · 조작하다, 배후에서 조종하다
with no strings attached · 부가 조건 없이

중간(middle)

in the middle of · ~하는 도중에

집(home)

bring home the bacon · 생계를 꾸려 나가다
come home to · ~의 가슴에 사무치다, 큰 감동을 주다
feel at home · 편안함을 느끼다
make oneself at home · 마음을 편하게 먹다

숙어(ㅅ - ㅎ까지)

a full house   (극장에서) 대만원
at home   익숙하여, 정통하여
drive ~ home   ~을 납득시키다, 절실히 느끼게 하다
    ↻ 오답 피하기 carry[get, make] A home (X)
nothing to write home about   별로 새로울 게 없는

책(book)

bring A to book   A에게 해명을 요구하다
cook the books   장부를 조작하다
read A like a book   A의 마음을 꿰뚫어 보다
by the book   정식으로, 규칙대로

총(gun)

give it the gun   가속시키다; 시동시키다
go great guns   일을 척척 해내다; 대성공이다
jump the gun   성급하게 행동하다
stick to one's guns   자기 주장을 고수하다
the smoking gun   결정적 증거

최후의(last)

the last resort   최후의 수단

침대(bed)

get up on the wrong side of the bed   아침부터 기분이 사납다, 꿈자리가 나쁘다

코(nose)

keep one's nose clean   말썽부리지 않다, 얌전하게 있다
keep[have] one's nose to the grindstone   뼈 빠지게 일하다
hard-nosed   콧대가 센
right under A's nose   A의 면전에서

폐(lung)

have good lungs   목소리가 우렁차다

포도(grape)

hear ~ through the grapevine   ~을 소문으로 듣다

하늘(sky)

The sky is the limit   제한은 없다
sky high   아주 높이

한입, 물다(bite)

get[have, grab] a bite   한 입 먹다, 간단히 먹다
back-biting   뒤에서 흉보기
bite the bullet   고통을 꾹 참다, 어려움을 감내하다

허공(air)

clear the air   안 좋은 분위기를 일신하다; 오해를 해소하다
hot air   과장, 허풍
put on airs   뽐내다, 잘난 체하다
up in the air   미결정의
walk on air   기뻐서 어쩔 줄 모르다

혀(tongue)

with one's tongue in one's cheek   조롱하는 투로, 비꼬아서
a slip of the tongue   실언, 말실수
hold one's tongue   입을 다물고 있다, 침묵을 지키다
on[at] the tip of one's tongue   말이 입 안에서만 뱅뱅 돌 뿐 생각이 안 나는

A. 문맥이 통하도록 두 단어 중 알맞은 것을 고르세요.

1. You have to go through a lot of (red / white) tape to obtain the license.
그 면허를 따려면 여러 절차를 거쳐야 한다.

2. Don't pull a (long / thin) face. This failure will give us a better chance next time. 시무룩한 표정 짓지 마. 이 실패가 다음에는 우리에게 더 나은 기회를 가져다 줄 거야.

3. I'm so sorry for saying that. It was just a slip of the (lip / tongue).
그런 말 해서 미안해. 그냥 말실수였어.

4. I'm on a diet, so I'm (cutting / shaping) down on my intake of rich foods.
다이어트 하는 중이라서 기름진 음식의 섭취를 줄이고 있어.

5. My husband always flys off the (handle / edge) whenever I suggested going on a picnic. 우리 남편은 내가 나들이를 가자고 할 때마다 항상 화를 내요.

B. 빈칸에 공통으로 들어갈 단어를 쓰세요.

6. a) Please drop me a ______________ when you get to Paris.
b) The report doesn't criticize the research directly, but you don't need to read between the ______________s to realize that the review committee wasn't impressed.

a) 파리에 도착하면 저에게 편지 한 장 주세요.
b) 그 보고서는 그 연구를 직접적으로 비판하지는 않지만, 그 평가 위원회가 감명받지 않았다는 것을 알려고 행간을 읽을 필요는 없다.

7. a) She has a big ______________. So, don't tell her any of your secrets.
b) No wonder that his friends try to keep a distance from him. He has a dirty ______________.

a) 그녀는 수다스러워. 그러니까 그녀에게 네 비밀은 어떤 것도 말하지 마.
b) 그의 친구들이 그와 거리를 두려고 하는 건 당연해. 그는 야한 말을 잘하니까.

Answers

1. red
2. long
3. tongue
4. cutting
5. handle
6. line
7. mouth

★ Real Test _ 해당 범위 연습문제

Choose the best word for the blank.

1. A: Now you are the man of this house. You know what that means, right?
   B: Yes, now I have to bring home the __________ for our family.
   (a) money
   (b) bacon
   (c) food
   (d) meat

2. A: Who told you the head office was going to move to Boston?
   B: I got it straight from the __________.
   (a) wind's whisper
   (b) horse's mouth
   (c) bird's say
   (d) cat's talk

3. A: Do you want to invest in my new Internet shopping site? It has a lot of potential.
   B: I want to, but I'm deep __________ at the moment.
   (a) in the red
   (b) in the black
   (c) in the blues
   (d) in the mood

4. A: Everyone seems to be avoiding Jessica lately. Why is that?
   B: She __________ all the time. Haven't you noticed?
   (a) holds water
   (b) carries the can
   (c) sees the light
   (d) puts on airs

5. Nobody expected that the low-budget film would go __________. We should have
   invested in it when the producer asked us to.
   (a) to pot
   (b) to town
   (c) great guns
   (d) by the board

★Random Test _ 모든 범위의 연습문제

Choose the best word for the blank.

6. A: Why is Mom so upset?
B: Because I failed my exam. I just couldn't cut the __________.
(a) mustard
(b) horsefeathers
(c) grapevine
(d) lemonade

7. A: Do you like wine?
B: Though I'm not __________ wine, I do enjoy a glass now and then.
(a) well versed in
(b) way above
(c) in synch with
(d) nosy about

8. A: Hey, let's go swimming!
B: Sorry I can't. I've been feeling __________ lately, and I'm really tired.
(a) in the pink
(b) famished
(c) out of sorts
(d) swamped

9. A: How were you able to finish your work so quickly?
B: It's easy once you know __________.
(a) the way
(b) the ropes
(c) the hand
(d) the dance

10. A: I think that I should get more money than you.
B: Don't try to __________ me out of my share!
(a) get
(b) take
(c) steal
(d) do

11. A: Can I tell you what really happened that night?

    B: I __________.

    (a) am all earful

    (b) am all ears

    (c) am all freaked out

    (d) got an earful

12. A: Would anyone else like to say something to the newly married couple?

    B: Yes, I would like to __________.

    (a) make a fire

    (b) make verses

    (c) make a test

    (d) make a toast

13. A: You don't need to worry about them. It is their choice.

    B: But I don't want to leave anyone __________.

    (a) high and low

    (b) disaster

    (c) high and dry

    (d) danger

14. A: You are doing very well. You can beat him.

    B: Actually, I was about to give up, but I was saved __________.

    (a) by an opponent

    (b) by the bell

    (c) by the ball

    (d) by belligerent

15. Although he betrayed me, I promise that one day I will __________ him.

    (a) get along well

    (b) get at

    (c) get even with

    (d) get about

Section Switch 

Bats are not dirty, bloodthirsty monsters as portrayed in vampire films. These winged mammals groom themselves carefully like cats and only rarely carry rabies. Of hundreds of species of bats, only three rely on blood meals. In fact, the majority eat fruit, insects, spiders, or small animals; some species gather nectar and pollen from flowers. The environmental benefits of bats are myriad. They consume an enormous number of pests, pollinate many varieties of plant life, and help reforest huge tracts of barren land by excreting millions of undigested seeds. Living models for radar and sonar, almost all bats use echlocation to navigate, especially at night. As they fly, they emit sound.

Translation

박쥐는 흡혈귀 영화에서 묘사된 대로 더럽고 피에 굶주린 괴물이 아니다. 이 날개 달린 포유류는 고양이처럼 세심하게 몸단장을 하고 거의 공수병을 옮기지 않는다. 수백 종의 박쥐 중에서 단지 세 종류만 피를 주식으로 한다. 사실 대다수는 과일, 벌레, 거미, 또는 작은 동물들을 먹는다. 일부 종류는 꽃에서 꿀과 꽃가루를 모은다. 환경에 있어 박쥐의 장점은 무수히 많다. 박쥐는 엄청난 수의 해충을 먹어 버리고, 다양한 식물들을 수분시키며, 수백만 개의 소화되지 않은 씨들을 배설해서 광대한 황무지를 다시 조림하는 일을 도와준다. 레이더와 수중 음파 탐지기의 살아 있는 모델인 거의 모든 박쥐들은 반향 정위를 사용하여 방향과 거리를 잡는데, 특히 밤에 그렇게 한다. 그들은 날면서 소리를 낸다.

Vocabulary

groom 몸단장을 하다
rabies 광견병, 공수병
pollen 꽃가루, 화분
myriad 수많은, 무수한
pest 해충
pollinate 수분시키다
excrete 배설하다, 분비하다
sonar 수중 음파 탐지기
emit (소리를) 내다

혼동되는 단어

TEPS에서 출제되는 어휘 문제는 일반적인 영어 시험과는 다르다. 즉, 하나의 단어가 가지는 다양한 의미를 물어본다든지, 아니면 형태가 비슷하거나 의미가 유사하지만 분명히 다른 뜻을 가지고 있는 어휘들을 물어보는 것이 보편적이다.

따라서 이 챕터에서는 단어의 기본적인 뜻뿐만 아니라 다양한 뜻, 그리고 혼동되는 철자와 의미를 주목해서 공부할 수 있게 정리했다.

A. 각 문장에서 밑줄 친 단어가 어떤 의미인지 쓰세요.

1. Are two of you sisters or just <u>related</u>?

———————————

너희 둘은 자매니 아니면 그냥 친척이니?

2. In our country, the 6 hour <u>physical</u> education classes are mandatory.

———————————

우리나라에서 6시간의 체육시간은 의무적이다.

3. North America has the world's best climate for <u>uncultivated</u> grapes in the wild.

———————————

북아메리카는 황야에서 야생 포도가 자라기에 세계에서 가장 좋은 기후를 지녔다.

4. That explanation turned out to be a <u>whole</u> lie.

———————————

그 설명은 순전히 거짓말임이 밝혀졌다.

B. 각 문장에서 밑줄 친 단어의 뜻을 쓰세요.

5. The annual <u>precipitation</u> in Ulreng Island amounts to 3,000 millimeters.

———————————

울릉도의 연간 강수량은 3,000 밀리미터에 달한다.

6. The next destination on our <u>itinerary</u> was Seoul, so we went online to book the tickets.

———————————

우리 일정에서 다음 목적지는 서울이어서 우리는 표를 예매하려고 인터넷에 들어갔다.

7. In the dark, a smooth surface reflects light better than a <u>bumpy</u> one.

———————————

어둠 속에서 매끄러운 표면은 울퉁불퉁한 표면보다 빛을 더 잘 반사한다.

Answers

1. 친척인
2. 신체의
3. 야생의
4. 완전한
5. 강수량
6. 여행일정
7. 울퉁불퉁한

1차적인 의미 외에 2차적인 의미도 제대로 알아두어야 하는 단어

| ambitious | ① 야망을 품은 |
| | ② (계획 등이) 거창한 |

ambitious
① 야망을 품은
② (계획 등이) 거창한

conserve
① 보존하다
② 절약하다

coup
① 폭력적인 일격
② 쿠데타

culprit
① 주범
② (나쁜 결과의) 주된 원인

decline
① 기울다
② 거부하다

drink
① 마시다
② 흡수하다

emulate
① 경쟁하다
② 선례를 따르다

enmesh
① (곤란에) 빠뜨리다
② 그물에 걸리게 하다

immediate
① 즉각적인
② 직접적인

incumbent
① 의무로 지워지는
② 현직의

personal
① 개인적인
② 개인적인 일에 너무 끼어드는

population
① 인구
② (생물의) 개체군

qualify
① 자격을 주다
② 무마하다

recipe
① 요리법, 비법
② 처방전

resume
① 다시 계속하다, 다시 차지하다
② 이력서

shed
① (눈물, 피 등을) 떨어뜨리다
② (살을) 빼다

showing
① 전시(회)
② 상영

stale
① 진부한
② (음식이) 싱싱하지 못한, 딱딱한

utility
① 유용성
② 공과금

verify
① 증명하다
② (컴퓨터 상에서) 인증하다

whine
① 구슬프게 울다
② 불평하다

whole
① 완전한
② 순전히

철자가 혼동되는 단어

consequent	결과의
subsequent	이후의
label	라벨을 붙이다
rebel	대항하다; 반역자
lace	레이스(가장자리 장식)
race(1)	경주
race(2)	인종
lapse	(시간의) 경과; 끝나다, 멈추다
elapse	(시간이) 경과하다
relapse	(원래의 나쁜 상태로) 되돌아가다
loyalty	충성(심), 충실
royalty	왕위, 왕족; 특허권 사용료
ludicrous	우스운, 익살맞은
ridiculous	어리석은, 우스꽝스러운
noxious	유해한
obnoxious	밉살스러운, 비위 상하는
onset	시작
set	세팅하다
outright	분명한
upright	똑바로 선
paramount	최고의
tantamount	(가치, 힘 등이) 동등한
strenuous	분투적인, 열심인
tenuous	희박한, 엷은

쉬워 보이지만 깔끔한 해석에 애먹는 단어

arguably 아마도, 단연코
The air in Osaka is arguably the dirtiest in Japan.
오사카의 공기는 아마 일본에서 가장 오염되어 있을 것이다.

backfire 역효과를 내다
The senator believes that the political ads will backfire against the Democrats.
그 상원의원은 그 정치광고가 민주당원들에게 불리한 역효과를 초래할 것이라고 생각한다.

cross-border 국경을 넘는, 국가간의
Both Mexico and the U.S.A. have had a lot of cross-border problems recently.
멕시코와 미국은 둘 다 최근에 수많은 국가간의 문제들이 있었다.

disrespect 무례, 경멸
The principal will not allow you to show any disrespect to the elderly.
교장선생님은 여러분이 노인들에게 무례한 태도를 취하는 걸 허락하지 않을 것입니다.

fictitious 가공의, 상상의
He was obsessed with the fictitious rancor.
그는 꾸며낸 원한에 사로잡혀 있었다.

flowery 꽃무늬의
The sexy woman is wearing a flowery robe.
그 섹시한 여자는 꽃무늬 가운을 입고 있어.

hairdo 헤어스타일
That hairdo that you had last time was very becoming of you.
네가 지난번에 했던 그 헤어스타일이 너한테 아주 잘 어울렸어.

immortalize 영원히 남기다
Her name is immortalized in history.
그녀의 이름은 역사에 영원히 기록되어 있다.

knock-back 퇴짜를 놓다
His bail application was knocked-back.
그의 보석 신청은 퇴짜를 맞았다.

landlocked 육지로 둘러싸인, 대륙의
Beijing has made a push to resume ties with the landlocked Muslim states.
중국은 회교도 내륙 국가들과의 유대를 재개하려고 분발해 왔다.

measly 아주 적은, 하찮은
The average British bathroom measures a measly 3.5 square meters.
보통의 영국 욕실은 겨우 3.5 평방미터 밖에 안 된다.

would-be 예비의
She's a would-be bride.
그녀는 예비신부다.

반드시 정리해야 할 다소 까다로운 단어

almanac	연감
arboretum	수목원
autism	자폐증
bewail	한탄하다
bicker	(사소한 일로) 다투다
billow	(파도 등이) 솟구치다
boon	은총
bumpy	(길이) 울퉁불퉁한, (차가) 덜컥거리는
cane	(대나무 등으로 만든) 지팡이
chauvinistic	남성우월주의의; 광신적 애국주의의
churn	휘젓다
daunting	힘겨운, 기세를 꺾는
dire	긴박한, 절실한
dithery	우유부단한
dub	~의 작위를 주다
dyslexia	난독증
eavesdrop	엿듣다
eczema	습진
encomium	찬사
enshrine	(사당에) 모시다; (기억 등을) 간직하다
exacerbate	악화시키다
excruciating	극심한 고통을 주는
founder	실패하다
frivolous	경박한; 사소한
glean	조금씩 모으다
glum	시무룩한, 우울한
gut	용기
hedonistic	쾌락주의의
hoodlum	불량배
horoscope	별점
idyllic	목가적인
incense	격노하게 하다
indigenous	토착의
inexorably	냉혹하게
infamous	사악한
infatuate	매료되게 하다

itinerary	여행 일정, 의사 일정
knead	(근육 등을) 주무르다
leverage	지레, 세력
lumpy	우둘투둘한
masseur	안마사
misanthrope	인간을 싫어하는 사람, 염세주의자
nefarious	사악한
newbie	초보
parochial	지방적인, 편협한
pivotal	중추의
prom	졸업무도회
rancor	원한
revert	(예전의 상태로) 되돌아가다
squabble	(사소한) 싸움
stout	우람한
tailgate	앞차를 바싹 따라가다
tempestuous	격렬한
time proven	오랜 시간 동안 인정된
trance	무아지경
vituperation	욕설
wimp	약골

A. 우리말 의미와 일치하도록 알맞은 단어를 고르세요.

1. The man who was caught lingering must have had a (nefarious / famous) purpose in mind.

서성거리다 검거된 그 남자는 틀림없이 사악한 의도를 품고 있었을 것이다.

2. Traditional Japanese cuisine has been shown to have (time / area) proven health benefits.

전통적인 일본 요리는 오랜 시간 동안 인정된, 건강에 유익한 것들을 포함하고 있는 것으로 나타났다.

3. (Royalties / Loyalties) will amount to seven percent of the unit wholesale price.

특허권 사용료는 도매 단가의 7퍼센트에 이를 것이다.

4. Teenagers often (rebel / label) against authority figures.

10대들은 종종 권위적인 모습에 대항한다.

B. 우리말 의미와 일치하도록 밑줄 친 단어 중 알맞은 것을 골라 체크하세요.

5. ☐ <u>race</u> discrimination   인종차별
☐ <u>lace</u>

6. ☐ <u>strenuous</u> opposition   맹렬한 반대
☐ <u>tenuous</u>

7. ☐ <u>noxious</u> fumes   독가스
☐ <u>obnoxious</u>

8. ☐ <u>idyllic</u> life   목가적 생활(전원 생활)
☐ <u>idle</u>

Answers

1. nefarious
2. time
3. Royalties
4. rebel
5. race
6. strenuous
7. noxious
8. idyllic

★ Real Test _ 해당 범위 연습문제

Choose the best word for the blank.

1. This server could not __________ that you are authorized to access the document requested. Either you supplied the wrong credentials or PIN.
   (a) clarify
   (b) verify
   (c) find out
   (d) advance

2. The International Atomic Energy Agency plays a __________ role in extending nuclear cooperation for peaceful purposes among different countries of the world.
   (a) pivotal
   (b) pirated
   (c) piloted
   (d) plotted

3. We live in a __________ age; everyone thinks that maximizing pleasure is the point of life.
   (a) corrupt
   (b) propitious
   (c) sporadic
   (d) hedonistic

4. A businessman must widen his horizons; a __________ attitude will get you nowhere in this age of global communications.
   (a) moderate
   (b) petrified
   (c) parochial
   (d) diversified

5. Scrooge, in the famous novel by Dickens, was a _________; he hated all of mankind.
   (a) hypochondriac
   (b) philanthropist
   (c) hedonist
   (d) misanthrope

★Random Test _ 모든 범위의 연습문제

Choose the best word for the blank.

6. A: The pedestrian crossing is too far away. Why don't we just cross over here?
   B: No way! You can be heavily fined for __________.
   (a) trespassing
   (b) soliciting
   (c) speeding
   (d) jaywalking

7. At one point in his talk, the speaker __________ from his main subject to tell us of an incident in his childhood, but then he got right back to his topic.
   (a) resumed
   (b) digressed
   (c) adjourned
   (d) rebuked

8. If Chirac's style and sense of French grandeur are reminiscent of his political idol, Charles de Gaulle, the substance of his foreign policy is often at __________ with the Gaullist tradition.
   (a) odds
   (b) line
   (c) game
   (d) accord

9. The judge ruled that the policehead __________ the defendant into making a false confession to the crime.
   (a) sentenced
   (b) indicted
   (c) coerced
   (d) compressed

10. You must learn to deal with the most important things first. That is, you should learn to get your __________ right.
    (a) priorities
    (b) positions
    (c) suggestions
    (d) emotions

11. Satisfied that her name had been cleared, she dropped her libel suit after the newspaper finally published a(n) __________ of its original defamatory statement.
   (a) advertisement
   (b) repetition
   (c) reaffirmation
   (d) retraction

12. His theories were so __________ that few could see what he was trying to establish.
   (a) logical
   (b) nebulous
   (c) obvious
   (d) theoretical

13. Knowledge of language results from interplay and interaction, thus there is no reason to expect that there will be __________ properties of the knowledge that is acquired.
   (a) invariant
   (b) minimal
   (c) pointless
   (d) imaginative

14. Barbara Walters distinguished herself as a journalist by asking famous people the kinds of __________ questions that other reporters shied away from.
   (a) gentle
   (b) pointed
   (c) vague
   (d) indirect

15. The ties that bind us together in common activity are so __________ that they can disappear at any moment.
   (a) tentative
   (b) restrictive
   (c) tenuous
   (d) consistent

Nearly 30% of the population in poor countries are the poorest of the poor. They are not even able to earn enough for one day's food for a big family and have to largely depend on children to earn and feed. Parents of these children are mainly iliterate or semiliterate. They are unable to find jobs which can provide sufficient salaries. The dream of education for these children is impossible unless suitable employment opportunities are made available to at least one person in the family. Simply opening schools and providing books are not sufficient measures. Minimizing poverty and creating more and more suitable jobs for parents are the only solutions to the problem of child labor.

Translation

빈곤 국가 인구의 거의 30% 정도가 극빈층이다. 그들은 대가족의 하루치 식량을 살 수 있을 만큼도 벌지 못하고, 돈을 벌고 먹고 살기 위해 아이들에게 크게 의존해야 한다. 이러한 아이들의 부모는 주로 문맹이거나 반문맹이다. 그들은 충분한 급여를 제공해주는 직업을 찾을 수 없다. 가족 중 최소한 한 명에게라도 적당한 고용 기회가 주어지지 않는 한 이런 아이들에게 교육이라는 꿈은 불가능하다. 단순히 학교를 열거나 책을 제공해주는 것은 충분한 대책이 아니다. 빈곤을 최소화하고 부모들에게 알맞은 직업을 더 많이 만들어내는 것만이 아동 노동 문제의 유일한 해법이다.

Vocabulary

illiterate 글자를 모르는, 문맹의
semiliterate 읽기·쓰기를 조금밖에 못하는, 읽을 수는 있으나 쓰지 못하는
available 활용할 수 있는, 이용할 수 있는
minimize 최소화하다

2어 동사

'2어 동사' 란 하나의 중심 동사를 기준으로 다양한 전치사와 부사
가 결합되어 쓰이는 동사구를 말한다. 각 동사구의 의미를 헷갈리
지 않도록 주의해서 익혀 두도록 한다.

A. 우리말 의미와 일치하도록 빈칸에 공통으로 들어갈 단어를 쓰세요.

1. break ______________   ~와 헤어지다
come ______________   ~을 생각해 내다

2. get ____________   연락이 닿다
go ____________   ~을 경험하다

3. get ____________   ~을 이해하다
go ____________   ~을 공격하다

4. break ____________   길들이다
rake ____________   돈을 잔뜩 벌다

5. come ______________   ~에 대항하다
run ______________   ~에 충돌하다

B. 우리말 의미와 일치하도록 다음 빈칸에 공통으로 들어갈 동사를 쓰세요.

6. ____________ down   물러나다, 후퇴하다
____________ up   ~의 말을 뒷받침하다

7. ____________ off   ~을 (가까이 오지 못하게) 붙잡아 두다
____________ over   (연극 등을) 연장 상연하다

8. ____________ off   ~을 미루다
____________ out   (불을) 끄다

Answers

1. up with
2. through
3. at
4. in
5. up against
6. back
7. hold
8. put

800 돌파를 위해서 꼭 외워야 할 2어 동사(전치사 및 부사 중심)

about

get about	이리저리 돌아다니다
go about -ing	~하는 것을 감당하다

around

get around to	~할 기회를 찾아내다
go around	모든 사람에게 골고루 돌아가다
lie around	빈둥빈둥 지내다

at

get at	~을 이해하다
go at	~을 공격하다

away

put away	치우다

back

glue back	다시 붙이다
kick back	쉬다

back on

go back on	(약속 등을) 취소하다

by

get by	그럭저럭 살아가다
go by	~을 의지하다

down

back down	물러나다, 후퇴하다
step down	사임하다
take down	~을 적다, 쓰다

down with

come down with	~의 병에 걸리다

forward

put forward	~을 주장하다

20어 동사(전치사 및 부사 중심)

in

break in	길들이다
hand in	제출하다
rake in	돈을 잔뜩 벌다

into

bump into	~를 우연히 만나다
eat into	~을 잠식하다
run into	~에 부딪치다, ~를 우연히 만나다

off

break off	~을 중단하다, 멈추다
call off	~을 취소하다
come off	~에서 떨어지다; 실현되다
cry off	(약속 등을) 취소하다
cut off	~을 잘라내다
dash off	~을 빨리 해내다
go off	(경보 등이) 울리다; (음식 등이) 나빠지다
hold off	~을 (가까이 오지 못하게) 붙잡아 두다
keep off	~을 피하다
pay off	~을 완전히 지불하다; 성과가 나다
put off	~을 연기하다, 미루다
run off	(액체가) 흘러나오다; 도망치다
see off	~을 배웅하다
set off	~을 폭발시키다
show off	~을 과시하다
take off	(옷을) 벗다; 이륙하다, 출발하다
tell off	~를 꾸짖다
turn off	~을 끄다
wear off	닳아서 없어지다, 점점 사라지다

on

call on	~을 요구하다
dawn on	~에게 이해되기 시작하다
feed on	~을 먹이로 하다, ~을 먹고 살다
keep on	계속하다
live on	~을 주식으로 하다; (얼마를) 가지고 생활하다

pass on	~을 (~에게) 전하다
pick on	~를 괴롭히다
play on	~을 이용하다
put on	(옷을) 입다
take on	(일 등을) 떠맡다
tell on	~에 대해 고자질하다
wait on	~를 시중들다

out

beat out	(경쟁자를) 물리치다
break out	(전쟁, 화재 등이) 발생하다
bring out	(상품 등을) 내놓다, 출시하다
come out	(얼룩 등이) 빠지다
cross out	~을 줄을 그어 지우다
cut out	~을 잘라내다, 제거하다
eat out	외식하다
fill out	(여백을) 채우다, 작성하다
give out	~을 나누어 주다, 분배하다
go out	외출하다; (불이) 꺼지다
lay out	~을 늘어놓다, 진열하다
leave out	~을 제외하다
look out	조심하다
pass out	의식을 잃다
put out	(불을) 끄다
root out	~의 뿌리를 뽑다, 근절하다
rule out	~을 제외하다, 배제하다
run out	다 떨어지다, 바닥나다
set out	착수하다, 시작하다
single out	(좋은 것을) 골라내다, 선발하다
stamp out	~을 억누르다
stand out	두드러지다
swear out	(선서하고) ~을 발급 받다
try out	~을 엄밀하게 시험하다
turn out (to be)	~으로 판명되다
walk out	파업하다
weed out	(쓸모없는 것을) 추려내다

20어 동사(전치사 및 부사 중심)

out with

come out with	~을 내놓다, 출시하다

over

go over	~을 검토하다; 복습하다; (설명을) 되풀이하다
hold over	(연극 등을) 연장 상연하다
run over	차로 ~을 치다

through

get through	연락이 닿다
go through	~을 경험하다
put through	(전화에서) ~을 연결하다

to

run to	~에 이르다; 양이 ~에 달하다

up

add up	(말이) 앞뒤가 맞다
back up	~의 말을 뒷받침하다
beef up	~을 보강하다, 증강하다
blow up	~을 폭파시키다; 화내다
bottle up	~을 봉쇄하다
break up	~을 해산시키다
bring up	~을 양육하다
bundle up	따뜻하게 입다
burn up	~의 속을 태우다, ~를 약 올리다
call up	~에게 전화하다
chuck up	~을 그만두다
clam up	함구하다
cover up	~을 완전히 덮다, 은폐하다
crop up	돌발하다, 갑자기 발생하다
dream up	~을 (갑자기) 생각해 내다
dress up	차려입다, 정장하다
foul up	~을 망치다
gear up	준비를 갖추다
give up	~을 포기하다
hang up	전화를 끊다

hook up	~을 연결하다, 접속시키다
jack up	~를 격려하다, 사기를 높이다
mess up	~을 망치다, 그르치다
patch up	~을 일시적으로 수습하다
put up	~을 재우다, 숙박시키다
set up	~을 세우다, 설치하다
stay up	(자지 않고) 깨어 있다 (=sit up)
stir up	(문제를) 일으키다
take up	~을 집어 들다; ~에 착수하다; ~을 체포하다; (장소 등을) 차지하다
think up	(아이디어 등을) 생각해 내다
tighten up	~을 조이다, 좁히다
turn up	나타나다
be washed up	한물가다
work up	~을 자극하다, 부추기다
wrap up	(물건을) 싸다, 감싸다

up against

come up against	~에 대항하다
run up against	~에 충돌하다

up for

make up for	~을 보상하다, 벌충하다
gear up for	~에 대해 준비를 갖추다
set up for	~을 준비하다
stand up for	~을 옹호하다, 변호하다

up to

come up to	~에게 다가오다
stand up to	~에 용감히 대항하다; ~에 견디다

up with

break up with	~와 헤어지다
come up with	~을 생각해 내다
end up with	~와 끝까지 함께 하다
make up with	~와 화해하다
put up with	~을 참다
take up with	~와 친구가 되다

A. 우리말 의미와 일치하도록 알맞은 단어를 고르세요.

1. The temperature is falling. You should bundle (out / up) for the night.

기온이 떨어지고 있어. 밤을 대비해서 따뜻하게 입어야 해.

2. How should I go (with / about) telling my parents that I'm bankrupt?

부모님께 내가 파산했다는 사실을 어떻게 말씀드려야 하지?

3. To stop the fight, I had to hold (down / off) my friend.

싸움을 말리기 위해서 나는 내 친구를 붙잡아 두어야 했다.

4. I'd better kick (back / off) from work for a few days for my health.

건강을 위해서 며칠간 일에서 손 떼고 쉬는 게 좋을 것 같아.

B. 두 문장의 빈칸에 공통으로 들어갈 단어를 쓰세요.

5. a) I had a part-time job during my vacation which involoved giving __________ pamphlets in the theater.
   b) Could you pick up my book at the bookstore when you go __________?

a) 나는 방학 동안 극장에서 팸플릿을 나눠 주는 아르바이트를 했다.
b) 외출하는 길에 서점에서 내 책 좀 찾아다 줄래요?

6. a) The statistics in the article don't add __________.
   b) I hate working overtime, but I'm just trying to beef __________ my income.

a) 이 기사에 실린 통계는 앞뒤가 안 맞아.
b) 시간 외 근무는 하기 싫지만 수입을 늘리려고 하는 거야.

Answers

1. up
2. about
3. off
4. back
5. out
6. up

Choose the best word for the blank.

1. A: How come you live in a hotel?
   B: I'm a business man, so I ___________ a lot. Therefore, I don't need a house to permanently live in at the moment.
   (a) get at
   (b) get about
   (c) get through
   (d) get away

2. A: I'm worried that we won't have enough money for our retirement.
   B: Don't worry. I'm sure that we will ___________.
   (a) get by
   (b) lag behind
   (c) take after
   (d) move on

3. A: Oh, no! I spilled wine on my clothes!
   B: Don't worry. Just let your blouse soak in water overnight, then the stain should ___________.
   (a) get out
   (b) come out
   (c) leave out
   (d) take out

4. After drinking half a bottle of whisky, he felt able to stand ___________ his employer.
   (a) up to
   (b) away from
   (c) for with
   (d) from behind

5. Despite a string of primary losses, he is ___________ up for a last stand in California.
   (a) giving
   (b) typing
   (c) gearing
   (d) wiping

★Random Test _ 모든 범위의 연습문제

Choose the best word for the blank.

6. A: What day shall we __________ up the meeting?
   B: We'd better meet this Friday morning.
   (a) take
   (b) set
   (c) have
   (d) lift

7. A: Hey, let's have a break.
   B: Please don't interrupt me. I need to __________ by 3 p.m.
   (a) dash off
   (b) ease off
   (c) bump off
   (d) head off

8. A: You gave me the money first. It was not my choice.
   B: You were __________ it!
   (a) laughing for
   (b) looking for
   (c) bothering for
   (d) begging for

9. A: I heard about Mrs. Lala __________.
   B: Actually, she is still alive. But she only has a short time to live.
   (a) passing gone
   (b) passing away
   (c) coming away
   (d) going away

10. A: Do you know how I can __________ the office computer network?
   B: It's impossible.
   (a) get fired
   (b) get tired
   (c) get around
   (d) get used to

11. A: It's time to play. Let's start the game.

B: Okay! ___________!

(a) Go out

(b) Fan out

(c) Spread out

(d) Sprinkle out

12. A: They always __________ on me.

B: Do they ever hit you?

(a) gather up

(b) goof around

(c) lug around

(d) gang up

13. A: Do you want to start your life together by __________?

B: No, I really want to make her satisfied.

(a) making her down

(b) laying her down

(c) letting her down

(d) throwing her down

14. A: Why are you home so early?

B: My boss __________ work.

(a) let around

(b) let me

(c) day off

(d) let me off

15. Archaeologists __________ through the documents they had discovered inside the chamber of the pyramid.

(a) selected

(b) scanned

(c) banned

(d) brought

Section Switch 

People fear cancer because it is often fatal, but they also fear it because it can cause acute pain. Tumors, as they grow, press against sensitive nerves and organs, and a cancer, if it metastasizes, may reach pain-sensitive areas in other parts of the body. Up to 90 percent of terminal patients suffer substantial pain before they die. As a result, cancer specialists are now looking almost as hard for better ways to combat physical and psychological sufferings as they are for a cure for the disease itself. More effective methods of pain control have grown out of a better understanding of the neurological mechanism of pain.

Translation

사람들은 암이 흔히 치명적이기 때문에 두려워한다. 그러나 암이 심한 통증을 유발할 수 있기 때문에 암을 두려워하기도 한다. 종양은 자라면서 민감한 신경과 기관에 압박을 가하고, 암이 전이되면 다른 신체 부위에도 고통에 민감한 부분에 퍼질 수 있다. 말기 암 환자 중 90% 정도가 사망하기 전에 굉장한 고통을 겪는다. 그 결과, 암 전문의들은 현재 암 자체에 대한 치료법을 찾는 것만큼이나 열심히 육체적 · 심리적 고통에 대처할 수 있는 보다 좋은 방법도 찾고 있다. 보다 효과적인 고통 억제 방법들은 고통의 신경학적 기제를 보다 잘 이해하게 되면서 발전되어왔다.

Vocabulary

fatal 치명적인
acute (통증이) 격렬한, 심한
metastasize 전이하다
substantial 상당한
combat ~와 싸우다
neurological 신경학적인

표현

표현(expressions)은 다양한 정의가 가능하다. 여기에서는 숙어와 이디엄에 가깝지만 하나의 대화에서 독립적인 문장으로 쓰이는 것 들을 중심으로 다뤄보겠다.

A. 우리말 의미와 일치하도록 빈칸에 주어진 철자로 시작하는 단어를 쓰세요.

1. Let's keep in t__________. 연락하고 지내자.

Don't be a s__________. 남남처럼 지내지 말자.

2. I m__________ it. 진심이야.

I k__________ you not. 농담 아니야.

3. No o__________. 악의로 한 말은 아니야.

To put it b__________, 노골적으로 말하면

B. 우리말 의미와 일치하도록 알맞은 단어를 고르세요.

4. What do you do for a (earning / living)?
직업이 뭐예요?

5. (Brace / Cover) yourself.
조심해.

6. If you (excuse / miss) us,
괜찮으시다면

7. I'll have to (put / get) you on hold.
(전화) 연결해 드릴 때까지 기다려 주세요.

8. Stop (browsing / bragging).
자랑 좀 그만 해.

Answers

1. touch, stranger
2. mean, kid
3. offense, bluntly
4. living
5. Brace
6. excuse
7. put
8. bragging

800 돌파를 위해서 꼭 외워야 할 표현

건배
Let's have a toast!　　　　　　　건배합시다!

경험
We live and learn.　　　　　　　우리는 실수와 경험을 통해 배우지.

공짜
It is free for the taking.　　　　원하면 공짜로 가져가세요.

귀찮음
Why bother?　　　　　　　　　왜 귀찮게 그렇게 해? / 왜 상관해?

기다림
I've been expecting you.　　　　당신을 기다리고 있었어요.
I'm expecting company.　　　　일행을 기다리고 있어요.

기회
There are many other fish in the sea.　　기회는 많아.

눈감아 주기, 의심
Give me a break!　　　　　　　① 좀 봐주세요! / (한 번 더) 기회를 주세요!
　　　　　　　　　　　　　　② 그게 정말이야? / 믿을 수 없어! / 잠깐!

다행
(Things) could be worse.　　　　이만하길 천만 다행이야.

동의
I'll drink to that!　　　　　　　동감이요!
Sounds like a plan.　　　　　　좋은 생각이야. / 그럴 듯 해.

만남
It's been ages.　　　　　　　　오랜만이야.
What a small world!　　　　　　세상 참 좁구나! (뜻밖의 장소에서 만났을 때)

모름
Beats me.　　　　　　　　　　잘 모르겠어.

표현

방법
Two can play (at) that game.　　　그렇게 나온다면 우리도 수가 있지.

부탁
For crying out loud,　　　제발 (명령, 부탁 등을 할 때)

불운
It's not my day. / This isn't my day.　　　재수 없는 날이야.

생각
Come to think of it,　　　생각해 보니

속셈
What's the catch?　　　속셈이 뭐야?

솔직함
No offense (is meant).　　　악의로 한 말은 아니야.
Face it.　　　현실을 직시해. / 상황을 봐.
To put it bluntly,　　　노골적으로 말하면

시기
The moment is over.　　　적당한 때가 지났어.

시도
Here goes nothing.　　　한번 해 볼게요.

실제
That's about the size of it.　　　(실제가) 대충 그 정도예요.

싸구려
You get what you pay for.　　　싼 게 비지떡이지.

안부
How's life treating you?　　　어떻게 지내니?
○ 오답 피하기 | How's life caring you? (X)
Can't complain.　　　그럭저럭 지내고 있어. / 별 불만은 없어.

안전

There's safety in numbers.   수가 많으면 안전하지.

양해

If you excuse us,   괜찮으시다면,

○ 오답 피하기 | If you please us (X), If you miss us (X)

연락

Don't be a stranger.   남남처럼 지내지 말자.
Let's keep in touch.   연락하고 지내자.

오해

Don't get me wrong.   오해하지 마세요.

○ 오답 피하기 | Don't get me false. (X)

외모

Don't judge a book by its cover.   겉모습만으로 판단하지 마라.

위로

Accidents will happen.   사고는 생기게 마련이야.
These things happen.   그런 일이 생길 수도 있지.
You can't win them all.   다 잘될 수는 없어.

의도

What are you getting at?   도대체 무슨 말을 하려는 거니?

○ 오답 피하기 | What are you trying at?(X)

이해

Do I have to spell it out (for you)?   그것을 일일이 말해야 아니?
Did I make myself clear?   제 말이 이해되셨어요?

○ 오답 피하기 | Did I make myself bright? (X)
I know you didn't mean it.   그런 뜻이 아니었다는 거 알아.
You got it?   알았어?

인과, 이치

Garbage in, garbage out.   콩 심은 데 콩 나고 팥 심은 데 팥 난다.

표현

That's life.　　　　　　　　　　　　　　인생이 그런 거야.
Opposites attract.　　　　　　　　　　극과 극은 통하지.

인내
That's the last straw!　　　　　　　　더 이상은 못 참겠어!
Grin and bear it.　　　　　　　　　　한 번 웃고 참아.
Hang in there!　　　　　　　　　　　참고 견뎌!

인사
I don't think I've had the pleasure.　　(처음에 말을 걸 때) 초면인 것 같은데요.

인정, 받아들임
Acceptance came much harder.　　　(상황 등을) 받아들이기가 훨씬 더 힘들어졌어.
None taken.　　　　　　　　　　　　(남의 불평이나 지적에 대한 답변으로) 괜찮아.

작별
Catch you later.　　　　　　　　　　나중에 보자.

전화
He's just stepped out.　　　　　　　지금 막 자리를 비우셨는데요.
Hold the line.　　　　　　　　　　　전화 끊지 말고 기다리세요.
I'll get it.　　　　　　　　　　　　　내가 받을게.
I'll have to put you on hold.　　　　연결해 드릴 때까지 기다려 주세요.
You've got the wrong number.　　　전화 잘못 거셨어요.
I'll let you go now.　　　　　　　　(무슨 일이 있나 보네요.) 가 보세요.

절망
You're over!　　　　　　　　　　　넌 이제 끝장이야!
He is over.　　　　　　　　　　　　그는 이제 끝났어.
Never say die.　　　　　　　　　　낙담하지 마.

절약
Every little bit counts.　　　　　　아무리 작아도 가치가 있어.

제안
Can I have a word with you?　　　저와 이야기 좀 할까요?
Let me ~.　　　　　　　　　　　　제가 ~하겠습니다.

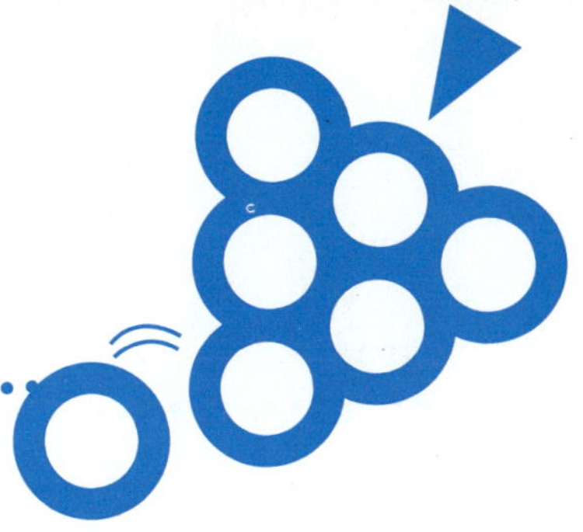

조심

Brace yourself!   (긴장하라는 의미에서) 조심해!

◐ 오답 피하기 Cover yourself. (X)

Easy does it!   조심해서 해!

좋음

That's really the icing on the cake.   정말 금상첨화로군.

주문

I'll take it with lots of pepper.   후추를 많이 넣어 주세요.

I'll take[drink] it black.   블랙커피로 할게요.

준비

(I'm) ready when you are.   너만 좋다면 난 언제든 괜찮아.

Better (to be) safe than sorry.   나중에 후회하는 것보다는 안전한 게 낫지.

So far, so good.   지금까지는 좋아.

All systems (are) go!   준비 완료!

It's all set to go.   준비 다 됐습니다.

즐거움

A good time was had by all.   모두 즐거운 시간이었어.

지적

Would you point it out for me?   그것을 지적해 주겠어요?

◐ 오답 피하기 Would you say it out for me? (X)

Would you explain it out for me? (X)

직업

What do you do for a living?   직업이 뭐예요?

◐ 오답 피하기 What do you do for an earning? (X)

진심

I kid you not.   농담 아니야. 정말이야.

I mean it!   진심이야!

질책
You asked for it.   네가 자초한 일이야. / 자업자득이야.

차치
For what it's worth   사실 여부는 차치하고

최악
If worst comes to worst,   최악의 경우에는

태연
Act like you belong.   (너도 이 집단에 속해 있는 것처럼) 태연하게 행동해.

틀림
Close but no cigar.   비슷하지만 아니야.
You're dead wrong.   완전히 틀렸어요.
You've got it all wrong.   완전히 잘못 알고 있군요.

판단
Let me be the judge of that.   그건 내가 판단해.
◑ 오답 피하기 Let me be the authority of that (X)
The way I see it,   내가 보기에는
◑ 오답 피하기 the way I look it (X)

표현
Let me put it another way.   다른 식으로 말해 보죠.
◑ 오답 피하기 Let me put it anther word. (X)

핀잔
Come off it!   말도 안 되는 소리 하지 마!
Get real!   정신 차려!
Stop bragging.   자랑 좀 그만 해.

회상
Those were the days!   그때가 좋았지!

No buts about it.	의심의 여지가 없어. (= No ifs, ands, or buts about it.)
No doubt about it.	틀림없어. / 당연하지.
(There are) no two ways about it.	이론의 여지가 없어.
I will hold you to that.	네가 그 약속을 지키게 할 거야.

A. 우리말 의미와 일치하도록 빈칸에 주어진 철자로 시작하는 단어를 쓰세요.

1. I'm r___________ when you are.
Better safe than s___________.
So far, so g___________.
All s___________ go!

너만 좋다면 난 언제든 괜찮아.
나중에 후회하는 것보다는 안전한 게 낫지.
지금까지는 좋아.
준비 완료!

2. No b___________ about it.
No d___________ about it.
There are no two w___________ about it.
I will h___________ you to that.

의심의 여지가 없어.
틀림없어.
이론의 여지가 없어.
네가 그 약속을 지키게 할 거야.

3. A___________ will happen.
These t___________ happen.
You can't win t___________ all.

사고는 생기게 마련이야.
그런 일이 생길 수도 있지.
다 잘될 수는 없어.

4. Close but no c___________.
You're d___________ wrong.
You've got it all w___________.

비슷하지만 아니야.
완전히 틀렸어요.
완전히 잘못 알고 있군요.

B. 대화의 빈칸에 들어갈 알맞은 말을 고르세요.

5. A: To our happiness and success!
B: ___________________
① I'll drink to that!
② Bless you!

우리의 행복과 성공을 위해서!
동감!

6. A: Here is my e-mail and phone number.
B: ___________________
① You asked for it!
② Let's keep in touch.

여기 내 이메일이랑 전화번호야.
계속 연락하자.

Answers
1. ready, sorry, good, systems
2. buts, doubt, ways, hold,
3. Accidents, things, them
4. cigar, dead, wrong
5. ①
6. ②

★ Real Test _ 해당 범위 연습문제

Choose the best word for the blank.

1. A: __________ it. You cheated.
   B: No, I didn't. I was just trying to pick up my eraser.
   (a) Face
   (b) Make
   (c) Do
   (d) Keep

2. A: The __________ is over.
   B: Time is not important. Another chance will come again.
   (a) count
   (b) second
   (c) point
   (d) moment

3. A: Just __________.
   B: I can't. I don't have the certification.
   (a) act slowly
   (b) act like other people
   (c) act like you're involved
   (d) act like you belong

4. A: Is Jane coming to the reunion party tonight?
   B: __________ me. I haven't spoken to her since yesterday.
   (a) Knows
   (b) Beats
   (c) Tells
   (d) Says

5. A: I'd like to go shopping with you and out to dinner on Friday.
   B: Sounds like __________.
   (a) a plan
   (b) an idea
   (c) making
   (d) charm

Choose the best word for the blank.

6. A: Whose sweater is that?
B: You __________ me there. I've never seen it before.
(a) had
(b) got
(c) took
(d) used

7. A: You must be at the airport at noon. You __________ it?
B: Sure, I got it. I'll be there on time.
(a) broke
(b) made
(c) did
(d) got

8. A: Ahchoo!
B: __________ you! Take care of yourself.
(a) Pardon
(b) Grace
(c) Bless
(d) Sorry

9. A: __________!
B: Here you go, some sweet candy!
(a) Treat well
(b) Trick or tray
(c) Trick or treat
(d) Try to treat

10. A: Ahh! I spilled coffee on my report. It's not my __________.
B: Take it easy. Let me help you.
(a) day
(b) life
(c) one
(d) night

11. A: If I marry you, would you buy me a big diamond ring?

 B: You __________ it. Whatever you'd like, I'll get it for you.

 (a) call

 (b) name

 (c) make

 (d) like

12. A: I don't get what you said last night.

 B: OK. Let me __________ it again clearly.

 (a) mean

 (b) answer

 (c) find

 (d) explain

13. A: I'm sorry for what I said yesterday.

 B: Don't be so worried. I know you didn't __________ it.

 (a) follow

 (b) explain

 (c) mean

 (d) come

14. A: I'd like to extend my __________ gratitude to you.

 B: Don't mention it.

 (a) deep

 (b) profound

 (c) outstanding

 (d) subtle

15. A: I bought some ice cream for you, but it melted on the way.

 B: Well, it's the thought that __________.

 (a) thinks

 (b) counts

 (c) believes

 (d) addresses

Section Switch 

It is the role of the Fedral Reserve, known simply as the Fed, to control the supply of money in the U.S. through its system of twelve regional Federal Reserve Banks, each with its own Federal Reserve District Bank. Many commercial banks belong to the Federal Reserve System and as members must follow the Fed's reserve requirements, a ruling by the Fed on the percentage of deposits that a member bank must keep either in its own vaults or on deposit at the Fed. If the Fed wants to change the money supply, it can change reserve requirements to member banks; for example, an increase in the percentage of deposits required to be kept on hand would reduce the available money supply. Member banks can also borrow money from the Fed, and an additional way that the Fed can control the money supply is to raise or lower the discount rate, the interest rate at which commercial banks borrow from the Fed. In addition to using reserve requirements and the discount rate to control the money supply, the Fed has another powerful tool: open-market operations.

Translation

간단히 연준이라고도 하는 연방준비제도의 역할은 각기 자체 연방준비지방은행을 가지고 있는 12개의 지역 연방준비은행 제도를 통해 미국의 통화 공급을 통제하는 것이다. 많은 시중 은행들이 연방준비제도에 속해 있으며, 회원으로서 연준의 지급 준비율을 따라야 하는데, 이것은 회원 은행이 자체 금고나 연준 예탁고에 확보하고 있어야 하는 예탁금의 비율에 관한 연준의 규정이다. 만일 연준이 통화 공급량을 바꾸고 싶으면 회원 은행의 지급 준비율을 바꾸면 된다. 예를 들어, 상시 보유하고 있어야 하는 예탁금의 비율을 증가시키면 가용한 통화 공급량은 줄어들 것이다. 회원 은행은 연준으로부터 돈을 빌릴 수도 있다. 그래서 연준이 통화 공급량을 조절할 수 있는 또 하나의 방법은 대출금리, 즉 시중 은행이 연준으로부터 돈을 빌리는 금리를 높이거나 낮추는 것이다. 할인율이란 지급 준비율과 대출금리를 이용하여 통화 공급을 조절하는 일 외에도 연준은 공개 시장 조작이라고 하는 또 하나의 강력한 수단을 가지고 있다.

Vocabulary

commercial bank 시중 은행
reserve requirements 지급 준비율
deposit 예금
vault 금고실
discount rate 어음 할인율, 연방준비은행의 대출 금리
open-market operations (중앙 은행이 금융을 조절하는) 공개 시장 조작

Chapter 7

내용 혼동어

TEPS에서 출제되는 '내용 혼동어'는 우리말 해석은 거의 같지만 실제 영어에서는 그 의미가 명확하게 차이 나는 경우를 말한다. 영어 어휘를 익힐 때는 각 단어가 갖는 뉘앙스를 파악할 수 있어야 한다.

A. 우리말 의미와 일치하도록 밑줄 친 단어 중 알맞은 것을 골라 체크하세요.

1. give ☐ <u>access</u> to (시설에) 접근을 허용하다
　　　☐ <u>admission</u>

2. make ☐ <u>an appointment</u> for dinner at the restaurant　레스토랑에 저녁을 예약하다
　　　☐ <u>a reservation</u>

3. call the ☐ <u>extension</u> number　내선으로 전화하다
　　　☐ <u>expansion</u>

4. ☐ <u>assure</u> the reservation　예약을 확인하다
　☐ <u>confirm</u>

5. The water in the glass ☐ <u>decomposes</u>　유리잔의 물이 증발하다
　　　　　　　　　☐ <u>evaporates</u>

B. 짝지어진 두 단어의 의미를 구별해서 써 보세요.

6. 경계 · 한계　① boundary　______________________
　　　　　　② barrier　______________________

7. 요금　① fare　______________________
　　　② charge　______________________

8. 보내다　① delegate　______________________
　　　　② dispatch　______________________

9. 예민한　① keen　______________________
　　　　② sensitive　______________________

10. 전공　① major in　______________________
　　　② specialize　______________________

Answers

1. access
2. a reservation
3. extension
4. confirm
5. evaporates
6. ①지도 등에 명기된 경계선
　②극복하기 힘든 장애
7. ①교통수단의 이용에 대한 요금
　②서비스에 대한 부과 요금
8. ①대표로 파견하다
　②급파하다
9. ①감각이나 능력이 예민한
　②성격이 예민한
10. ①학문을 전공하다
　②전문화하다

800 돌파를 위해서 꼭 구별해야 할 내용 혼동어

개선	ameliorate	(나쁜 상황을) 개선하다, 좋아지게 하다
	improve	향상시키다
	relieve	(고통, 공포 등에서) 해방하다, (긴장 등을) 풀게 하다

거주자	occupant	(건물, 집 등의) 점유자
	tenant	세입자, 소작인
	resident	(집에 사는) 거주자, 거류민
	inhabitant	(어떤 지역이나 장소에 오래 머무르는) 주민, 거주자; 서식동물

건강한	fit	(운동을 해서) 건강 상태가 좋은
	healthy	(병이 없이) 건강한
	robust	(타고난 체력이) 튼튼한, 강건한

경계, 한계	boundary	(지도 등에 명기된) 경계선, 한계
	barrier	(극복하기 힘든) 장애, 장벽 *ex.* language barrier 언어장벽
	margin	가장자리

고발하다	accuse	고발하다 *ex.* accuse A of~ A를 ~의 죄로 고발하다
	charge	고발하다 *ex.* charge A with~ A를 ~의 죄로 고발하다
	impeach	탄핵하다 *ex.* impeach A for~ A를 ~으로 탄핵하다
	indict	기소하다 *ex.* indict A for~ A를 ~으로 기소하다

관계, 관련	chemistry	서로 손발이 잘 맞는 관계, 공감대
	correlation	상관관계
	involvement	(일에) 관련됨, 연루
	relation	(지위상의) 상호관계, 단순한 관계

그만두다	dismiss	해산시키다, 해고하다
	resign	사직하다
	retire	은퇴하다, 퇴직하다

| 나타내다 | exhibit | (감정 등을) 나타내다 |
| | reflect | 반영하다 |

드러내다	exhibit	전시하다, 출품하다
	expose	노출시키다, 드러내다
	feature	(배우를) 주연시키다; 대서특필하다

내용 혼동어

뜨거운, 열렬한	avid	몹시 탐내는, 열심인
	fervent	열렬한, 강렬한
	fervid	열렬한, 열정적인
	furious	격노한, 사납게 몰아치는
	stifling	(더워서) 숨 막힐 듯한 *ex.* stifling heat 숨 막히는 더위
막힌	clogged	(파이프 등이) 막힌
	congested	(교통이) 막힌
	stuffy	통풍이 안 되는, 숨이 막히는
맞다, 어울리다	fit	(치수가) 맞다
	suit	(색, 무늬 등이) ~에 어울리다
맡기다	check	(물건을) 증표를 받고 맡기다
	deposit	(돈을) 맡기다, 예금하다
	entrust	위임하다, 위탁하다
모호한	amorphous	명확한 형태나 조직이 없는
	equivocal	(뜻이) 애매한, 다의적인
	noncommittal	(언질을 주지 않아) 애매한
박수	applause	박수 → 종종 다른 수식어와 결합함 *ex.* big applause 큰 박수
	clap	박수; 박수치다
방해하다	annoy	귀찮게 하다, 짜증나게 하다
	bother	괴롭히다, 귀찮게 하다 → 사람만 목적어가 됨 *ex.* Sorry to bother you. 귀찮게 해서 죄송합니다.
	interrupt	방해하다, 중단하다 → 사물과 사람 둘 다 목적어가 됨 *ex.* You're not interrupting anything. 괜찮습니다.
보내다	delegate	(대표로) 파견하다
	dispatch	급파하다
	transmit	(전파를) 보내다, 전도하다, (빛을) 투과시키다
분해하다	decompose	분해하다
	evaporate	증발시키다, 증발하다

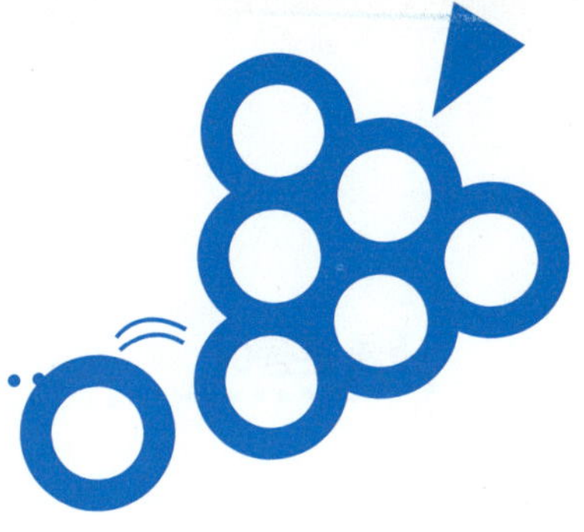

실패(하다)	backfire	(계획이) 실패하다, 기대에 어긋나게 되다
	breakdown	(기계 등의) 단순한 고장
	collapse	(계획 등이) 좌절되다
	debacle	총체적 실패
	fiasco	대실패
알리다	notify	통지하다, 공시하다
	report	보고하다, 보도하다
	convey	(생각을) 전달하다
약속	appointment	(사람을 만날) 약속
	arrangement	채비, 준비, 조정
	commitment	선약 → appointment나 engagement 대신에 쓰임
	promise	(어떤 것을 하거나 하지 않겠다는) 약속
	reservation	(자리 등의) 예약
양, 부피	bulk	부피, 크기; (포장하지 않은) 낱짐
	capacity	수용량, 수용력
	quantity	양 ↔ quality 질
	volume	부피, 양; (전집류 등의) 권
억제하다	control	통제하다, 억제하다
	restrain	(감정을) 억제하다; 속박하다; 제지하다
	inhibit	막다, 억제하다
	curb	(말에) 재갈을 물리다, 구속하다
여지, 가망	room	여지, 기회
	opening	빈 자리, 결원; 돈벌이 기회
	outlook	(미래에 대한) 예측, 전망
연장	expansion	(크기, 양 등의) 확장
	extension	(기한의) 연장
예민한	keen	(감각, 능력 등이) 예민한
	sensitive	(성격이) 예민한

내용 혼동어

예상(하다)	expect	(일의 발생을) 기대하다, 예상하다
	forecast	(날씨를) 예보하다; 예보
	guess	(짐작하여) 추측하다; 추측
	predict	(과거의 지식을 기반으로) 예상하다

완전한	complete	전부의, 완전한
	full	가득 찬, 완전한 → 주로 명사 앞에서만 쓰임 *ex.* full moon 보름달
	impeccable	결함이 없는
	perfect	완벽한
	whole	전체의

요구(하다)	claim	(권리 등을) 주장하다, 요구하다; 주장, 요구
	demand	요구하다, 소환하다; 요구
	require	필요로 하다

요금	fare	운임, 버스비, 기차비 등
	rate	요금, 숙박료
	fee	(전문 서비스에 대한) 수수료, 수임료
	toll	통행료, 전화요금

위치, 장소	place	(특정 목적을 위한) 장소
	site	(사건 등의) 현장
	whereabouts	소재, 행방

유사	affinity	(끌려서) 좋아함, 애호; 성격이 맞는 사람
	compatibility	적합(성); 양립성, 호환성
	resemblance	(얼굴, 외모 등의) 유사

| 의심(하다) | doubt | (어떤 상황을) 의심하다; 의심 |
| | suspect | (나쁜 짓을 저질렀을 것이라고) 의심하다 |

이기다	beat	(경쟁이나 선거에서 상대를) 패배시키다
	defeat	(게임이나 전쟁에서 적을) 무찌르다
	surpass	능가하다
	win	(대회나 경기를) 이기다, (상을) 받다

이용하다	capitalize	(이득을 보려고 사물을) 이용하다
	exploit	(노동력을) 착취하다; (산야를) 개척하다, (자원을) 개발하다
	utilize	이용하다, 쓸모가 있게 하다
이해하다	appreciate	진가를 인정하다
	comprehend	(복잡한 상황이나 사태를) 이해하다
인식(하다)	awareness	자각, 인식 *ex.* brand awareness 브랜드 인지도
	notice	알아차리다, (잘못한 것을) 인식하다
	realize	(몰랐던 것을) 깨닫다
	recognize	알아보다
	spot	발견하다
인정하다	admit	(증거 등을) 인정하다
	approve	(받아들이는 의미에서) 인정하다, 승인하다
	consent	동의하다, 승낙하다
	face	직시하다, (원하지 않더라도 사실을) 받아들이다
잠그다	bolt	빗장을 걸어 잠그다
	lock	(문을) 잠그다
전공하다	major in	(학문을) 전공하다
	specialize	전문화하다
접근(하다)	access	(장소 등에의) 접근; (자료 등의) 이용
	adjoin	(위치상) ~에 인접하다
	approach	가까이 가다, 접근하다
	admission	입장, 입장료
정점	pinnacle	첨탑의 꼭대기, 산봉우리
	zenith	천정, 정점
제약, 제한	confinement	감금, 구금
	constraint	(물리적 여건에 의한) 제한 *ex.* physical constraint 물리적인 제약
	restrictions	(법적인) 제재, 제한

내용 혼동어

조사하다	investigate	(수사기관 등이 조직적으로 추적하여) 조사하다
	inspect	(결점 유무 등을) 자세히 조사하다
	scrutinize	(주로 잘못된 것이 있는지) 임무를 띠고 면밀히 살펴보다

조준하다	shoot	(조준해서) 쏘다
	target	목표로 삼다
	zero	0에 맞추다

줄이다	abbreviate	(긴 말을 짧게) 줄여 쓰다
	curtail	(권리 등을) 축소하다; (비용을) 삭감하다
	mitigate	(고통 등을) 경감시키다

증명하다	certify	(문서로) 증명하다; (사실을) 인증하다
	establish	검증하다, 입증하다
	verify	(철저한 조사를 통해 진실임을) 입증하다

지속되는	continuous	(끊기지 않고) 계속되는
	eternal	영원한, 불멸의
	lasting	(감정이나 생각이) 지속되는
	long-term	장기의 ↔ short-term 단기의

지역	region	(문화 · 사회 · 지리적인 면에서 타 지역과 구별되는) 지역
	territory	(한 국가의 통치권이 미치는) 영토
	terrain	지형
	zone	도시 계획으로 나뉜 지구; 동일 요금 지역; (특정한 목적을 위해 따로 마련된) 지대, 지역

진보(하다)	advance	(수준이) 진보하다; 진보
	evolve	(점진적으로) 발전하다, 진화하다
	progress	(점진적으로 어떤 목표를 향해) 전진하다, 진척되다; 전진. 진행, 진보

진짜의	actual	(상상이 아닌) 실제의, 현실의 → 명사 앞에만 쓰임
	authentic	진짜의 → 명사 앞에만 쓰임
	genuine	(모조품이 아닌) 진품인, 진짜의
	heartfelt	(감정이나 태도가) 진심에서 우러난
	original	원래의, 원형의, 원산지의

차별하다	classify	분류하다, 등급으로 나누다; 기밀 취급하다
	discriminate	(서로 다른 것으로) 구별하다, 차별 대우하다
차이	discrepancy	모순, 불일치
	disparity	불균형, (문제의 소지가 있는) 격차
	margin	득표 차이; 이문, 마진
	variation	변화, 변종, 변이, 편차
책임 있는	liable	(법률상 빚, 손해 등에 대해) 책임이 있는
		ex. **criminally liable** 형사적으로 책임이 있는
	obligatory	(의무적으로 생기는) 책임이 있는
	responsible	(처리해야 할) 책임이 있는; (사건의 원인에 대해) 책임이 있는
첨가하다	annex	(영토나 회사를 강제로) 합병하다
	append	(글 끝에) 덧붙이다
	dilute	(물 등을 첨가하여) 희석시키다
	enclose	동봉하다
추정하다, 가정하다	assume	(증거는 없지만 일단) 사실로서 가정하다
	estimate	(증거를 가지고) 추정하다
	presume	(증거 없이 확신을 가지고) 추측하다
출시하다	issue	(잡지나 신문 등을) 공식적으로 발간하다; (면허증을) 내다
	publish	(서적 · 잡지 등을) 출판하다
	produce	(영화 · 음악 등을) 제작하다
	release	(음반 등을) 발매하다
취소하다	cancel	(계획, 계약, 주문 등을) 취소하다
	drop	(수강을) 취소하다
침범하다	break into	~에 침입하다
	invade	(남의 나라를) 침략하다; (권리를) 침해하다
	trespass	(남의 땅이나 집에) 침입하다
	violate	(법을) 위반하다

내용 혼동어

| 태워 주다 | give A a ride | (같이 태우고 간다는 의미에서) A를 태워 주다 |
| | pick up | (마중나간다는 의미에서) 태워 주다 |

| 판 | edition | (주로 책에서 초판, 재판 등의) 판 |
| | version | (책, 소프트웨어 등에서의) 쇄 |

판결	ruling	(결심으로서의) 판단, 판정
	sentence	(형사상으로 유죄를 선고하는) 판결
	verdict	평결

| 평가하다 | estimate | (통계 등을 통해서 수량을) 어림잡다, 추정하다 |
| | evaluate | (가치를) 평가하다; ~의 값을 구하다 |

표준	benchmark	(다른 것들이 비교될 수 있는) 기준, 공시 가격
	criterion	(다른 대상과 다를 수 있는) 판단 기준, (어떤 것을 판단하거나 평가하는) 기준
	touchstone	시금석

합치다, 모으다	assemble	(부품을) 조립하다; (사람을) 모으다
	collect	수집하다
	compile	(자료 등을) 수집하다
	merge	(회사 등을) 합병하다
	rally	(흩어졌던 것을) 다시 집결하다

| 행동하다 | act | 행동하다 |
| | conduct oneself | 행동하다 → oneself를 함께 써야 함 |

| 헌신적인 | committed | (주로 가난한 사람들을 대상으로) 헌신적인 |
| | devotional | (종교적으로) 헌신적인 |

| 현금 | cash | 현금 |
| | currency | 통화, 화폐 *ex.* foreign currency 외화 |

확인하다	confirm	(예약을) 확인하다
	warrant	(품질 등을) 보증하다
	assure	(상대방을) 확신시키다

회전하다	revolve	회전하다, 선회하다
	rotate	순환하다, 교대 근무하다
	circulate	순환하다, 원형으로 빙빙 돌다
	spin	(팽이처럼 한 자리에서) 뱅뱅 돌다
	turn	돌다, 돌리다 → 원형뿐만 아니라 뒤로 돌거나 좌회전 및 우회전 등 여러 의미에서 돈다고 할 때 쓸 수 있음
희생물	prey	(포식동물의) 먹이
	victim	(범죄나 사고 등의) 희생자
힘든	harsh	(태도, 성질 등이) 거친, 가혹한 *ex.* harsh treatment 거친 취급 harsh punishment 가혹한 벌
	tough	(일을 하기가) 힘든 *ex.* tough subject 힘든 과목

A. 각 문장에서 문맥상 어울리는 단어를 고르세요.

1. He was eventually proven to be criminally (liable / obligatory).
그는 결국에 형사적으로 책임이 있음이 입증되었다.

2. (Act / Conduct) yourself in a respectful manner.
공손한 태도로 행동해라.

3. Her tiny attic room had poor ventilation, and in summer, it became
unbearably (clogged / stuffy).
그녀의 작은 다락방은 환기가 잘 안 돼서 여름에는 참을 수 없이 답답해졌다.

B. 각 단어의 의미를 찾아 연결하세요.

4. 출시하다
① publish ⓐ (서적 · 잡지 등을) 출판하다
② release ⓑ (잡지나 신문 등을) 공식적으로 발간하다
③ issue ⓒ (영화 · 음악 등을) 제작하다
④ produce ⓓ (음반 등을) 발매하다

5. 표준
① benchmark ⓐ (다른 것들이 비교될 수 있는) 기준, 공시 가격
② criterion ⓑ 시금석
③ touchstone ⓒ (다른 대상과 다를 수 있는) 판단 기준

6. 제약, 제한
① constraint ⓐ (법적인) 제재, 제한
② confinement ⓑ 감금, 구금
③ restrictions ⓒ (물리적 여건에 의한) 제한

7. 진보(하다)
① advance ⓐ (점진적으로 어떤 목표를 향해) 전진하다, 진척되다
② evolve ⓑ (점진적으로) 발전하다, 진화하다
③ progress ⓒ (수준이) 진보하다

8. 합치다,
모으다
① assemble ⓐ (회사 등을) 합병하다
② merge ⓑ (부품을) 조립하다; (사람을) 모으다
③ rally ⓒ (흩어졌던 것을) 다시 집결하다

Answers

1. liable
2. Conduct
3. stuffy
4. ①-ⓐ ②-ⓓ ③-ⓑ ④-ⓒ
5. ①-ⓐ ②-ⓒ ③-ⓑ
6. ①-ⓒ ②-ⓑ ③-ⓐ
7. ①-ⓒ ②-ⓑ ③-ⓐ
8. ①-ⓑ ②-ⓐ ③-ⓒ

Choose the best word for the blank.

1. A: The boss urged you to meet the deadline.
   B: It's impossible. So, will he allow an __________?
   (a) expansion
   (b) extenuation
   (c) explanation
   (d) extension

2. A military jury found a soldier guilty of rape and murder in the slaying of a 14-year-old
   Iraqi girl, despite testimony that cast doubt on his __________.
   (a) engagement
   (b) involvement
   (c) relation
   (d) chemistry

3. The Italian National Institute of Statistics __________ there are as many as four
   million workers on short-term contracts, which is about one in six workers.
   (a) presumes
   (b) assumes
   (c) estimates
   (d) frames

4. The meeting turned out to be a __________, and everyone was dissatisfied with the
   result of the meeting.
   (a) mistake
   (b) fiasco
   (c) breakdown
   (d) blackout

5. Expectedly, the ring was the most expensive part of getting married because it was
   made of __________ diamonds.
   (a) genuine
   (b) authentic
   (c) original
   (d) unqualified

★Random Test _ 모든 범위의 연습문제

Choose the best word for the blank.

6. A: I can't open the file because I don't know what the password is.
B: Let me see if I can ___________ the code.
(a) crack
(b) gather
(c) see
(d) allocate

7. A: Why don't you __________ him?
B: It's been going on for way too long now.
(a) fit
(b) correct
(c) fix
(d) let

8. A: Did you hear that Annie was laid off as of yesterday?
B: Yes, but that's only the __________ of the iceberg. She was involved in a big accident this morning.
(a) top
(b) tip
(c) fragment
(d) segment

9. A: I'm thinking of hiring a taxi during the day for a date.
B: That'll __________ a lot. How about renting a car instead?
(a) fare
(b) pay
(c) spend
(d) cost

10. A: How much is the train __________ for a ticket from Toronto to Montreal?
B: It's 80 dollars.
(a) tuition
(b) fee
(c) fare
(d) rate

11. A: The pyramids have been in Egypt since __________ immemorial.

B: I know. They are just amazing.

(a) time

(b) period

(c) moment

(d) date

12. A group of young boys thought that it might be fun to throw stones at a beehive. However, after a _________ of bees started to attack, they ran away.

(a) group

(b) swarm

(c) collection

(d) team

13. Human lungs automatically __________ carbon dioxide out.

(a) throw

(b) vomit

(c) send

(d) take in

14. Whether the sales __________ succeeds probably will not be known for at least a year, but it is clear now that the stakes are high.

(a) move

(b) campaign

(c) exercise

(d) motion

15. With his victory in the Super Bowl, Joe Montana was able to _________ Joe Namath as the greatest quarterback of all time.

(a) defeat

(b) destroy

(c) win

(d) surpass

Section Switch 

It was not until World War I when blacks were drafted into the military. Some white Americans were not particularly delighted about this precedent. They argued that if blacks were draft to fight for their country, they would next have audacity to demand the right to vote. A similar argument was used during the Vietnam War in favor of lowering the voting age to eighteen. The motto was that if young people were old enough to fight, they were old enough to vote. This slogan won the day. Similarly, the role of blacks in the military during World War I, World War II, the Korean War, and the Vietnam War had an impact on black consciousness. The opportunity to travel and the resulting widened horizons most likely provided support for the development of the civil rights movement.

Translation

1차 세계대전이 일어나서야 비로소 흑인들은 군대에 징병되었다. 일부 미국 백인들은 이런 선례를 특별히 달가워하지 않았다. 흑인이 나라를 위해 싸우도록 징병된다면 다음에는 뻔뻔하게 투표권을 요구할 것이라는 게 그들의 주장이었다. 베트남 전쟁 기간에 투표 연령을 18세까지 낮추자고 하면서 비슷한 논쟁이 있었다. 모토는 젊은 사람들이 싸울 만한 나이라면 투표할 만한 나이이기도 하다는 것이었다. 이 슬로건은 결실을 맺었다. 이와 비슷하게 제1차 세계대전, 제2차 세계대전, 한국 전쟁, 베트남 전쟁 동안 군대에서 흑인의 역할은 흑인들의 의식에 영향을 미쳤다. 여행할 수 있는 기회와 그로 인해 넓어진 시야는 필시 만권운동의 전개에 기반이 되었을 것이다.

Vocabulary

draft 징집하다, 징병하다
precedent 선례
audacity 대담함, 뻔뻔함
in favor of ~을 찬성하여
win the day 노력이 결실을 맺다
consciousness 의식

Chapter 8

형태 혼동어

'형태 혼동어' 는 철자가 유사하여 뜻이 헷갈리는 경우를 말한다. 일반 영어 시험과는 달리 TEPS에서는 철자가 비슷한 단어들을 군데군데 배치해서 학생들을 헷갈리게 한다.

A. 우리말 의미와 일치하도록 밑줄 친 단어 중 알맞은 것을 골라 체크하세요.

1. ☐ <u>touching</u> movie 감동적인 영화
　 ☐ <u>touchy</u>

2. ☐ <u>indite</u> a criminal 범인을 고발하다
　 ☐ <u>indict</u>

3. ☐ <u>desperate</u> resistance 필사적인 저항
　 ☐ <u>disparate</u>

4. ☐ <u>oblique</u> glance 곁눈질
　 ☐ <u>opaque</u>

5. beauty ☐ <u>saloon</u> 미용실
　　　 ☐ <u>salon</u>

B. 두 단어의 의미 차이를 구별해서 써 보세요.

6. ascent　＿＿＿＿＿＿＿＿＿＿＿＿
　 assent　＿＿＿＿＿＿＿＿＿＿＿＿

7. ordinance　＿＿＿＿＿＿＿＿＿＿＿
　 ordnance　＿＿＿＿＿＿＿＿＿＿＿

8. choral　＿＿＿＿＿＿＿＿＿＿＿
　 coral　＿＿＿＿＿＿＿＿＿＿＿

9. flatter　＿＿＿＿＿＿＿＿＿＿＿
　 flutter　＿＿＿＿＿＿＿＿＿＿＿

10. lucrative　＿＿＿＿＿＿＿＿＿＿
　 ludicrous　＿＿＿＿＿＿＿＿＿＿

Answers

1. touching
2. indict
3. desperate
4. oblique
5. salon
6. 상승 / 동의
7. 법령, 포고 / 포, 대포, 병기
8. 합창의 / 산호; 산호로 만든
9. 아첨하다 / (깃발 등이) 펄럭이다
10. 돈벌이가 되는 / 우스운

800 돌파를 위해서 꼭 구별해야 할 형태 혼동어

abate	약화되다, 줄다
abet	부추기다, 선동하다
adapt	적응시키다
adept	숙달한
adopt	채택하다, 받아들이다; 양자로 삼다
addictive	중독된
additive	첨가물
adjoin	~에 인접하다
adjourn	(회의 등을) 휴회하다
adore	숭배하다, 흠모하다
adorn	꾸미다, 장식하다
apologia	변명
apologue	우화
apology	사과
artifact	인공물
artifice	고안, 책략
arraign	기소하다, 죄를 묻다
arrange	정돈하다, 계획하다
ascent	상승
assent	동의
babble	더듬거리다; 쓸데없는 말을 지껄이다
bauble	(겉만 번지르르한) 장식물
berth	정박 위치
birth	출생
blast	①센 바람 ②즐거움, 즐겁게 마시는 파티
bluster	(바람이 거세게) 몰아치다

bleak	황량한, 삭막한
brake	브레이크, 제동기
bust	부수다
burst	터지다
choral	합창의
coral	산호; 산호로 만든
content	①내용물 ②만족하는
contend	다투다, 경쟁하다
crab	게
crib	말구유, 외양간
cross-examine	교차로 검토하다
cross-border	국경을 넘는
crotch	(신체 또는 바지의) 가랑이
crunch	오도독 깨물다
curio	골동품
curious	궁금해 하는, 호기심 많은
currant	건포도
current	①현재의 ②흐름
desperate	필사적인
disparate	다른, 이종의
disparage	얕보다; 험담하다
deport	국외로 추방하다
disport	즐기다
dilate	확장시키다
dilute	묽게 하다, 희석하다

emaciate	여위게 하다
emanate	발산하다
emancipate	해방하다
embroider	수놓다
embroil	혼란시키다, 뒤얽히게 하다
embryo	태아; (발달) 초기의 것
endue	(능력, 재능 등을) 부여하다
endure	견디다
factitious	인위적인, 일부러 만들어낸
fictitious	가공의, 허구의
flair	천부적인 재능
flare	훨훨 타오르다
flank	양옆에 위치하다, 측면에 서다
flunk	실패하다
flatter	아첨하다
flutter	(깃발 등이) 펄럭이다
fluster	혼란하게 하다
frustrate	좌절시키다
forego	앞서다
forgo	~없이 지내다
grim	엄한, 엄격한
grind	갈다, 빻다, 찧다
grip	꽉 잡다, 움켜쥐다
gust	일진의 바람, 돌풍
gusto	즐거움, 취미; 맛좋음

형태 혼동어

hay	건초
hey	[호칭] 이봐, 어이
heap	퇴적 더미
hip	엉덩이
hide	숨기다, 감추다
hideous	섬뜩한, 끔찍한
hue	색조, 빛깔
hug	껴안다; 포함하다
huge	거대한
hurdle	장애물
hurtle	빠르게 움직이다
immanent	내재하는
imminent	임박한
impertinent	무례한
impenitent	뉘우치지 않는
implacable	달래기 어려운, 인정사정없는
impeccable	나무랄 데 없는
indict	고발하다, 기소하다
indite	(시, 글을) 쓰다, 짓다
ingenious	재치 있는; 독창적인, 교묘한
ingenuous	솔직한, 꾸밈없는
integration	[수학] 적분
integrity	① 완전한 상태, 보전 ② 성실, 청렴, 고결
job	① 일, 직업 ② 잡일을 하다
jog	살짝 밀다

laboratory	연구실
lavatory	화장실
lag	처지다, 뒤떨어지다
lap	무릎
lane	좁은 길, 골목길, 차선
laud	찬양하다, 칭송하다
loud	① 시끄러운 ② 야한
latitude	위도
lassitude	무기력, 나른함
lean	기대다, 상체를 굽히다, 기울이다
leap	껑충 뛰다, 날뛰다
legal	법률의, 법적인
regal	제왕의, 왕다운
regale	융숭하게 대접하다
literal	문자 그대로의
literary	문학의
literate	글을 읽고 쓸 줄 아는, 학식 있는
levity	경솔, 경거망동
levy	징수하다, 징발하다
lewd	음란한, 외설적인
light	불을 붙이다
lighten	(부담, 고통 등을) 덜다, 가볍게 하다
likelihood	가능성, 있음직함
likeness	닮음, 비슷함
limb	팔다리, 사지
limp	① 절뚝거리다, 다리를 절다 ② 흐느적거리는

limber	(근육 등이) 유연한; 유연하게 하다
limbo	림보 게임
limpid	맑은, 투명한
lipid	(세포에서) 지질
loath	싫은, 지긋지긋한
loathe	몹시 싫어하다
lucrative	돈벌이가 되는
ludicrous	우스운
lure	유혹하다
lust	갈망
luster	광택; 영광
luxuriant	번성한, 울창한
luxurious	호화로운, 사치스러운
malleable	(쇠를) 두들겨 펼 수 있는
mailable	우송할 수 있는
marble	대리석
marvel	놀라다; 놀라운 일
marital	결혼의, 부부의
maritime	바다의, 해양의
matrimonial	결혼의, 부부간의
masterful	권위적인
masterly	훌륭한
material	재료
materiel	군수품
meal	끼니
mill	제분하다

mean	① 의미하다 ② 비열한
mess	엉망진창, 난잡
mickle	대량
mingle	섞이다, 어울리다
minuet	미뉴에트(3박자의 우아한 춤)
minute	분; 순간
miserly	인색한
misery	비참함
misgiving	의심, 걱정, 불안
mishap	(가벼운) 사고, 불상사
moan	신음하다; 신음
mock	조롱하다
mourn	슬퍼하다, 애도하다
monetary	화폐의
monitory	경고를 주는
monotonous	단조로운
mortify	약 오르게 하다
motive	동기, 동인
mutiny	폭동
muff	실수, 실책; 바보
muffle	싸다, 감싸다
muffler	① 목도리 ② 소음기
mug	① 머그잔 ② (강도가) 습격하다
muggy	후덥지근한
munificent	아낌없이 주는
magnificent	웅장한

nag	잔소리하다
nap	잠깐 자다
naive	순진한, 세상물정 모르는
nasty	더러운
natty	말쑥한
nibble	조금씩 갉아먹다
nimble	재빠른, 민첩한
notation	기호법
notion	관념, 생각, 의견
objective	객관적인
objectionable	불쾌한
oblique	비스듬한
opaque	불투명한
obscure	불명료한, 어두컴컴한
obvious	분명한, 명백한
ominous	불길한
onerous	귀찮은, 부담스러운
ordinance	법령, 포고
ordnance	포, 대포, 병기
pact	협정, 조약
pale	창백한
pant	헐떡거리다
palatable	입에 맞는, 맛 좋은
palpable	손으로 만질 수 있는; 뚜렷한, 명백한
palpitate	두근거리다

paradigm	패러다임, 전형
paragon	본보기, 모범
parch	바싹 마르다
perch	① 횃대 ② 앉다, 자리 잡다
parish	교구
perish	죽다, 멸망하다
pea	콩
peach	복숭아
peasant	영세 농민, 소작인
peak	절정, 꼭대기, 정점
peek	살짝 엿보다
peep	엿보다, 훔쳐보다
pit	구멍, 팬 곳
peculiar	독특한, 고유의, 특유의
pecuniary	금전적인
pedagogue	교육자, 교사, 현학자
pedestrian	보행자
pediatrician	소아과 의사
peel	(과일 등의) 껍질을 벗기다
peer	① 응시하다 ② 대등하다 ③ 동년배
percolate	스며들다
perforate	구멍을 내다
perpetrate	(죄를) 범하다
perpetuate	영속시키다
persecute	박해하다
prosecute	기소하다

perspective	관점, 조망, 바라봄
prospective	(장차) 예상되는, 기대되는
perspicacious	통찰력이 있는
perspicuous	명확한
perverse	심술궂은
pervert	① 곡해하다 ② 타락시키다
perversity	심술, 외고집
perversion	곡해, 왜곡
phony	가짜의, 허위의
pony	① 조랑말 ② 작은
plumb	① 추, 다림추 ② 수직; 수직의
plump	통통한, 토실토실한
pump	펌프질하다
polite	정중한
politic	사려 깊은
politics	정치, 정치학
pray	기도하다
prey	먹이
pry	① 엿보다, 동정을 살피다 ② 지레로 들어 올리다
precious	귀한, 소중한
precise	정확한, 정밀한
precipitous	가파른, 급경사의
precipitate	황급한
predicate	단언하다
predict	예언하다

premature	너무 이른, 시기상조의
precocious	조숙한
premier	최고의
premiere	초연, 시사회
premise	전제
premises	재산, 자산, 소유권
promise	약속
surmise	짐작하다, 추측하다
primer	초보독본
primitive	원시의, 원시적인
principal	① 주요한, 중요한 ② 교장 ③ 주범
principle	원리, 원칙, 주의, 근본방침
probe	면밀히 조사하다
procure	조달하다, 획득하다
prodigal	① 낭비하는, 방탕한 ② 풍부한, 남아도는
prodigious	거대한, 경이로운 → prodigy의 형용사형
prodigy	신동
progeny	자손
profound	깊은, 심오한
propound	(이론을) 제기하다
prompt	신속한, 기민한
prone	① ~하기 일쑤인 ② 수그린, 납작 엎드린
prostate	전립선
prostrate	엎드린; 엎드리게 하다
provident	선견지명이 있는; 절약하는
providential	신의, 섭리의

형태 혼동어

purport	목적, 의도
purpose	목적, 취지
quaint	진기하고 별난, 예스럽고 아름다운
quake	흔들리다, 진동하다
quaver	(목소리가) 떨리다
quiver	(몸을) 떨다
quota	할당량
quotation	인용
rampant	만연하는
rampart	성벽
rash	① 분별없는, 경솔한 ② 발진, 뾰루지 ③ (불쾌한 일의) 빈발
rush	돌진
ratify	비준하다
rectify	개정하다, 수정하다
rave	소리치다, 고함치다
raven	까마귀
ravenous	몹시 굶주린, 게걸스러운, 탐욕스러운
reality	현실
realty	부동산
reap	수확하다, 거둬들이다
rip	홱 찢다, 잡아 찢다
ripe	익은
ripen	익다
rebuff	거절하다, 퇴짜 놓다
rebut	논박하다
recede	물러가다
recess	(잠깐의) 쉬는 시간, (법정, 국회에서의) 휴회

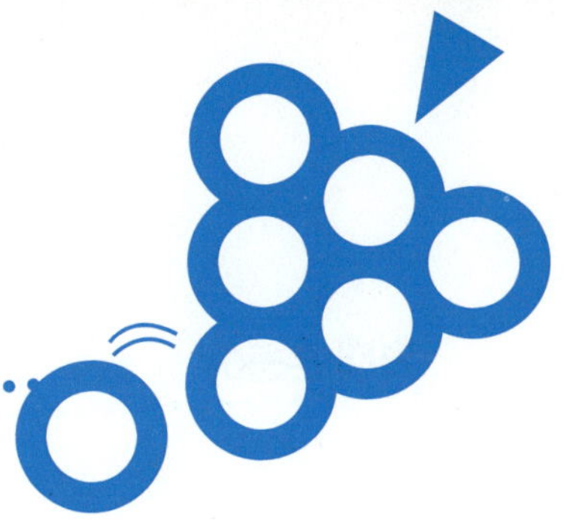

recession	경기 후퇴, 불경기
recessive	퇴행의, 역행하는
recondite	난해한
recondition	수리하다
refer	언급하다; (원인을) ~로 돌리다
referee	주심, 심판
reference	언급; 참조
reflect	반사하다
refract	굴절시키다
refuge	피난처
refuse	거절하다
refute	반박하다, 논박하다
regime	정권
regimen	섭생, 지배
regiment	① 연대 ② 조직화하다, 엄격히 통제하다
reign	치세, 통치
rein	고삐
remark	의견, 비평
remarkable	주목할 만한
remise	양도; 양도하다
remiss	태만한, 부주의한
remit	① 송금하다 ② 면제하다
repel	격퇴시키다, 쫓아버리다
repeal	철회하다
replace	대체하다, 바꾸다
repent	후회하다, 회개하다
resent	분개하다, 화내다

형태 혼동어

repose	휴식, 수면
repress	억누르다, 억제하다
reproach	비난하다
reprove	꾸짖다, 나무라다
request	요구하다, 요청하다
require	필요로 하다
reserve	남겨두다
reverse	① 거꾸로의, 상반되는, 뒤의 ② 거꾸로 하다, 뒤집다, 전환하다
revere	존경하다
revert	되돌아가다
rite	의식
ritual	의식의; 종교적인 의식
rob	빼앗다
robe	품이 큰 옷
robust	강건한, 튼튼한
rug	융단, 깔개
rugged	울퉁불퉁한, 바위투성이의
rust	녹
rustic	시골의, 시골풍의
rustle	(나뭇잎, 비단 등이) 바스락거리다
sag	축 처지다
saga	무용담
sage	현명한, 명민한
sagacity	총명, 현명
sagacious	총명한, 현명한
salacious	외설스러운
salon	(미용, 양장 등의) 가게
saloon	술집

salutary	유익한, 건강에 좋은
salutatory	인사의, 환영의
salvage	구출하다; 해난 구조
savage	잔인한
satiate	충분히 만족시키다
satire	풍자
score	득점, 점수
scorn	경멸, 멸시
scan	자세히 조사하다, 유심히 쳐다보다; (신문 등을) 대충 훑어보다
scant	부족한, 빈약한
scanty	부족한
scar	흉터
scarce	희귀한, 부족한
scarcity	부족, 결핍
scare	겁나게 하다, 겁주다
scary	무서운
scoop	푸다, 뜨다
scope	범위, 영역
scrabble	낙서
scramble	① 기어오르다 ② 서로 차지하려고 다투다
scrub	① 문지르다 ② 관목, 작은 나무
shrub	관목, 시럽
shrug	(어깨를) 으쓱하다 → 무관심을 나타낼 때
sensuous	감각적인
sensible	현명한, 분별 있는
sensitive	민감한

sensual	관능적인
sensational	선풍적인
sensory	감각의
sentimental	감상적인
sentence	판결
sententious	간결한
sequester	격리하다
sequential	연속하는, 잇달아 일어나는
serious	심각한
serene	평화로운, 고요한
sermon	설교, 잔소리
summon	소환하다
serve	봉사하다
sever	절단하다, 끊다
severe	심한, 엄한
shade	가리다, 그늘지게 하다
shed	(눈물 등을) 흘리다
shiver	떨다, 흔들리다
showy	화려한, 눈에 띄는
shear	(털을) 깎다
sheath	칼집, 덮개
shimmer	희미하게 빛나다
simmer	부글부글 끓다
shrink	줄어들다; 위축되다
shrivel	줄어들게 하다; 주름지게 하다, 오그라들게 하다
shrew	말괄량이, 잔소리가 심한 여자
shrewd	빈틈없는, 기민한

skim	① 대충 훑어 읽다 ② 위에 뜬 찌꺼기를 걷어내다
skip	생략하다
skinny	깡마른
sneaky	치사한
skyscraper	초고층 빌딩
skyscape	하늘의 경치
slander	비방하다
slender	날씬한, 호리호리한, 가냘픈
slay	죽이다
sly	교활한, 간교한
silly	어리석은, 바보 같은
slip	실수
sip	홀짝홀짝 마시다
smother	질식하다
stammer	말을 더듬다
snare	덫, 올가미
sneer	조소하다
sneeze	재채기하다
sneak	살금살금 들어오다
sneaker	고무창 운동화
snicker	① 낄낄 웃음 ② 초콜릿 바의 상표
sole	① 유일한, 오직 하나의 ② (구두 등의) 바닥, 밑창
soul	영혼
sore	쓰린, 아픈
sour	신, 시큼한

형태 혼동어

spacious	넓은
spatial	공간의
specious	겉만 그럴듯한
speculation	추측
speculative	이론적인, 사색적인
spin	(실을) 잣다, 방적하다
spine	척추, 등뼈
spinal	척추의
split	쪼개다
sprint	전력 질주하다
splinter	쪼개다, 찢다; 쪼개진 조각
spot	반점, 얼룩
spouse	배우자
spout	① 내뿜다 ② 주둥이
sprout	싹이 트다; (식물의) 눈, 새싹
spur	박차를 가하다
spurt	분출하다
spurn	쫓아내다, 추방하다
spurious	가짜의, 위조의
stab	찌르다
stable	안정된
stagnant	침체한
stalk	① 줄기, 대
	② ~에 살금살금 다가서다; 거드름 피우며 걷다
stock	재고
stoke	연료를 지피다
stanch	(출혈을) 멎게 하다
stench	악취

stationary	정지된
stationery	문방구
steep	가파른, 급경사의
stiff	뻣뻣한, 굳은
stick	달라붙다
stool	(등받이가 없는) 의자, 걸상
stoop	몸을 굽히다
stricture	혹평, 비난
structure	구조
strife	투쟁, 싸움 → strive의 명사형
strive	애쓰다, 노력하다
strike	치다, 때리다
strip	(껍질을) 벗기다, 까다
stripe	줄무늬
strident	귀에 거슬리는
stringent	엄격한
stupefy	대경실색하게 만들다
sturdy	억센, 튼튼한
subdue	정복하다, 진압하다
submerse	물속에 가라앉다
subscribe	동의하다, 예약 구독하다
subtract	빼다, 덜다, 감하다
sublime	숭고한
subliminal	잠재의식의
subside	가라앉다
subsidy	보조금
subsidiary	①보조의 ②종속적인; 자회사

형태 혼동어

successive	연속하는
successful	성공적인
succinct	간결한
succulent	즙이 많은
suffice	만족시키다; 족하다
surface	표면, 외면
super	최상의
superb	최고의, 훌륭한, 멋진
suburb	교외
superficial	외면의, 표면적인
superfluous	남는, 여분의
superstition	미신
suspect	알아채다, 짐작하다
suspend	연기하다, 보류하다, (일시적으로) 멈추다
suspense	미결, 서스펜스
suspicion	혐의, 의심
swamp	늪, 소택, 습지
swampy	늪이 많은, 질퍽한
swap	물물교환하다
swarm	① 꽉 차다 ② 떼를 지어 이동하다
symmetry	대칭
symposium	토론회
synonym	동의어
synopsis	요약
taboo	금기
tattoo	문신
tacit	말이 없는, 말로 나타내지 않는
taciturn	말이 없는, 과묵한

temperament	기질
temperance	절제
tense	팽팽한, 긴장된
terse	(문체, 표현 등이) 간결한
tenacious	끈질긴
tentative	시험적인, 시험삼아 하는
tenuous	희박한, 얇은
tenure	종신 허가
throe	격통, 심한 고통
throne	왕위, 왕좌, 왕권
throng	군중, 사람의 떼
timorous	겁이 많은, 소심한
temerarious	무모한
tomb	무덤
tome	크고 묵직한 책
torment	괴롭히다
torrent	급류; 억수; 용솟음
torpid	움직이지 않는, 무감각한
tepid	미지근한
tumid	과장된, 허풍 치는
turbid	탁한, 흐린
turgid	부어오른; 과장된
touching	감동시키는
touchy	민감한, 과민한, 다루기 힘든
traverse	가로지르다
transverse	가로놓인

형태 혼동어

twin	쌍둥이; 쌍둥이의
twine	꼬다, 감다
uncover	(비밀 등을) 밝히다
undercover	비밀리에 하는
undermine	(건강을) 모르는 사이에 해치다, 손상시키다
undertake	(일, 책임 등을) 떠맡다, 착수하다
unlawful	불법의
unmindful	염두에 두지 않는, 무관심한
urban	도시의
urbane	도시풍의, 세련된
vague	모호한
vogue	유행
vain	무모한, 쓸모없는
veil	베일로 가리다, 감추다
vein	정맥
vine	넝쿨
venal	타락한
venial	용서할 수 있는
venerable	존경할만한
vulnerable	상하기 쉬운, 공격당하기 쉬운
veracious	정직한
voracious	걸신들린, 탐욕스러운
vibrant	진동하는
vibrate	진동하다
vigilant	방심하지 않는, 경계를 늦추지 않는
vigorous	원기 왕성한

vindicative	변명하는, 변호하는
vindictive	복수심에 불타는
visible	눈에 보이는, 명백한
visionary	환상의, 환영의
voluble	수다스러운
voluminous	권수가 많은, 다작의, 부피가 큰
voluptuous	육감적인
wallow	① 뒹굴다, 몸부림치다 ② (비유적으로) 침체하다
willow	버드나무
wan	(병, 피곤 등으로) 창백한
wane	쇠퇴하다
ware	상품
wary	조심스런, 주의 깊은
weary	(정신적, 육체적으로) 피곤한, 지친
wee	매우 작은
weed	잡초
weird	괴상한, 이상한
wield	(권력 등을) 휘두르다
withdraw	철수하다
wither	시들다, 시들게 하다
withhold	보류하다; 억누르다; 원천징수하다
withstand	~에 잘 견디다, 버티다
yawn	하품하다
yearn	갈망하다

A. 문맥에 알맞은 단어를 고르세요.

1. He jokes loudly and (disparately / disparagingly) about people from other countries while we are in a mixed social setting.

   우리가 (여러 인종이 섞인) 혼합된 사회 환경 속에 있는 동안 그는 다른 나라에서 온 사람들에 대해 큰 소리로 깔보는 듯이 농담을 한다.

2. (Factitious / Fictitious) disorder is a mental condition where the "ill" individual's symptoms are either self-induced or falsified by the patient.

   꾀병은 개인의 아픈 증세가 환자 자신에 의해 유발되거나 위조된 정신 상태다.

3. His (ingenious / ingenuous) nature sometimes gets him into trouble.

   그의 솔직한 성격이 때로는 그를 곤경에 빠지게 한다.

4. Rainbows are sometimes (visionary / visible) in waterfalls.

   무지개는 가끔 폭포에서 보인다.

B. 우리말 의미와 일치하도록 주어진 철자로 시작하는 단어를 쓰세요.

5. Some believe that the power of the United States is beginning to
   w__________.

   어떤 사람들은 미국의 힘이 약해지기 시작하고 있다고 믿는다.

6. The pain in his shoulder ab__________ after getting treated by his doctor today.

   그의 어깨 통증은 오늘 의사에게 치료를 받은 후 완화되었다.

7. Dolphins are one of the many different groups of mammals that have
   ad__________ to living in the ocean.

   돌고래는 바다 생활에 적응한 여러 포유류 군들 중 하나다.

Answers

1. disparagingly
2. Factitious
3. ingenuous
4. visible
5. wane
6. abated
7. adapted

Choose the best word for the blank.

1. A: __________ is the best way to get them to do their homework.
   B: I think so.
   (a) Napping
   (b) Nodding
   (c) Nagging
   (d) Needing

2. A: It left an ink stain on the __________.
   B: Where? I can't see it.
   (a) crown
   (b) crunch
   (c) crotch
   (d) crane

3. A: He hid his money in order not to pay.
   B: That is so __________!
   (a) skinny
   (b) sneaky
   (c) sneer
   (d) sneeze

4. One of the __________ objectives of this environmental organization is to build house-to-house awareness on hygiene and cleanliness.
   (a) princely
   (b) principle
   (c) principal
   (d) priceless

5. If arriving in summer, the tourists have to __________ with the hot and humid weather of this country.
   (a) consist
   (b) content
   (c) contain
   (d) contend

★Random Test _ 모든 범위의 연습문제

Choose the best word for the blank.

6. A: I need a(n) __________.
B: Why? Do you have to write a report about the world?
(a) atlas
(b) atlantic
(c) global
(d) atman

7. The government will thoroughly review the __________ of the association before granting the proposal.
(a) statutes
(b) statues
(c) status
(d) states

8. He had quitted smoking a year back, but now after his wife's unexpected death, he has __________ to it again
(a) rebated
(b) reported
(c) reverted
(d) revolted

9. The food distributed to the prisoners does not __________ to the rules and regulations set up by the health and nutrition department.
(a) consider
(b) confirm
(c) conform
(d) concern

10. An unexpected increase of sales in his company __________ his morale.
(a) boasted
(b) boosted
(c) blasted
(d) busted

11. The mother ___________ her young daughter after she was found alive in the forest.
   (a) embraced
   (b) embarrassed
   (c) embossed
   (d) embedded

12. Despite the difficult weather, the climbers ___________ in their efforts and reached the top of the mountain.
   (a) preserved
   (b) pursued
   (c) persecuted
   (d) persevered

13. They run a rehabilitation center that provides counseling services to people ___________ by HIV and AIDS.
   (a) affiliated
   (b) effected
   (c) affected
   (d) acted

14. In the end, her famous paintings were ___________ in the national art museum.
   (a) exhibited
   (b) inhibited
   (c) prohibited
   (d) encased

15. Mathematics was a ___________ which all students must complete before taking statistics.
   (a) elective
   (b) perquisite
   (c) prerogative
   (d) prerequisite

Section Switch

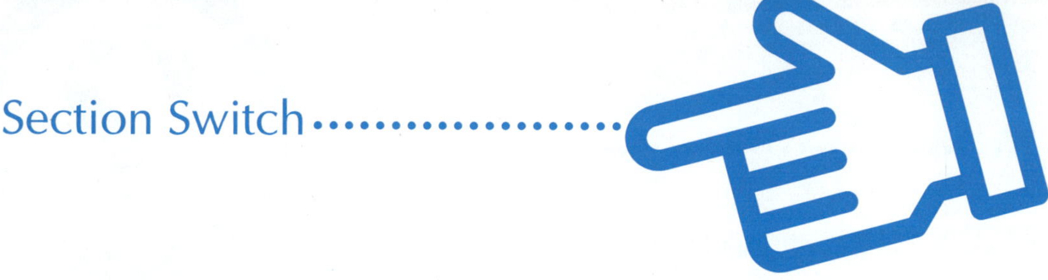

When the British learned that Hitler was ready to invade England, Prime Minister Winston Churchill quickly called a meeting of the British War Ministry. At the beginning of the meeting, Churchill stood at the head of the table. He raised his right hand in the Nazi salute. He said, "Gentlemen, I am Adolf Hitler. You are the members of the German War Council. Today we shall make final plans to invade England." His plan worked. For the entire meeting, the statesmen thought like Germans. And in the end, the Germans did not defeat the English.

Translation

히틀러가 영국을 침략할 준비가 되었다는 것을 알게 되었을 때, 당시 수상이었던 윈스턴 처칠은 신속하게 영국 전시 내각 회의를 소집했다. 회의 시작 시 처칠은 상석에 서서 나치 식의 경례로 오른손을 들어 올리면서 말했다. "여러분, 저는 아돌프 히틀러입니다. 여러분은 독일 전시 내각의 임원들입니다. 오늘 우리는 영국을 침략하기 위한 최종 작전을 세울 것입니다." 처칠의 계획은 효과가 있었다. 회의를 하는 내내 의원들은 독일인처럼 생각했다. 결국 독일은 영국을 패배시키지 못했다.

Vocabulary

invade 침략하다
prime minister 수상
call a meeting 회의를 소집하다
salute 인사, 절 , 경례
statesman 정치가

Chapter 9

다의어

'다의어' 는 말 그대로 하나의 단어가 여러 가지 다른 의미를 가지고 있는 것을 말한다. 물론 하나의 단어가 여러 가지 의미를 가진다는 것은 영어의 특징이고, TEPS에서는 그 점에 주목해 어휘 영역의 문제를 집중적으로 출제하지만, 본 챕터에서는 하나의 단어가 3가지 이상의 의미를 가지는 경우를 주로 다루도록 한다.

A. 우리말 의미와 일치하도록 밑줄 친 단어 중 알맞은 것을 골라 체크하세요.

1. ☐ <u>wear</u> perfume 향수를 바르다
   ☐ <u>put</u>

2. main ☐ <u>theme</u> 주 관심사
   ☐ <u>concern</u>

3. ☐ <u>return</u> the call 답신 전화를 하다
   ☐ <u>recall</u>

4. illegal ☐ <u>exercise</u> 불법적 관행
   ☐ <u>practice</u>

B. 밑줄 친 단어에 유의하여 다음 문장의 의미를 쓰세요.

5. <u>Hold</u> the onion. ______________________

6. I <u>read</u> you loud and clear. ______________________

7. You can't <u>win</u> them all. ______________________

800 돌파를 위해서 꼭 외워야 할 다의어

allowance	기본의미	① n. 수당
	TEPS 중요의미	② n. 용돈
		③ n. 한도, 허용치
		④ n. 참작

appeal	기본의미	① n. 간청, 탄원
		② n. 매력, 마음을 끄는 힘
	TEPS 중요의미	③ v. ~의 마음에 들다, 마음에 호소하다 (to)
		④ v. 항소하다

arrangement	기본의미	① n. 배열, 배치
	TEPS 중요의미	② n. 조정, 합의
		③ n. 약속

| bet | 기본의미 | ① v. (돈을) 걸다, 내기를 걸다 |
| | TEPS 중요의미 | ② v. 장담하다 *ex.* I wouldn't bet on it. 난 안 믿어. / 난 기대 안 해. |

bill	기본의미	① n. 지폐
		② n. 계산서
		③ v. 계산서를 보내다
	TEPS 중요의미	④ n. 부리

blast	기본의미	① v. 폭파하다, 파괴하다
		② v. 맹비난하다
	TEPS 중요의미	③ n. 재미

bone	기본의미	① n. 뼈
		② v. 뼈 빠지게 공부하다
	TEPS 중요의미	③ n. (마음의) 깊은 속
		④ n. 따질 것

다의어

charge   **기본의미**   ① v. 부과하다
   ② v. 적용하다

   TEPS 중요의미   ③ v. 적립하다
   ④ v. (의무, 책임 등을) 지우다

color   **기본의미**   ① n. 유색 인종

   TEPS 중요의미   ② n. 혈색
   ③ n. 깃발, 국기

come   **기본의미**   ① v. 오다

   TEPS 중요의미   ② v. (상품이 시장에) 나오다 *ex.* come in black 검은색으로 나오다

concern   **기본의미**   ① n. 관심사
   ② v. 관련되다

   TEPS 중요의미   ③ v. 걱정시키다 → be concerned about ~에 대해 걱정하다

contribute   **기본의미**   ① v. 기부하다
   ② v. 공헌하다, 기여하다

   TEPS 중요의미   ③ v. 기고하다

due   **기본의미**   ① a. 예정된 → be due to-V: ~하기로 되어 있다

   TEPS 중요의미   ② a. 정당한

estimate   **기본의미**   ① v. 평가하다

   TEPS 중요의미   ② n. 견적

favor   **기본의미**   ① n. 친절, 호의

   TEPS 중요의미   ② v. 편의를 봐주다

fire	기본의미	① n. 불
	TEPS 중요의미	② v. 해고하다
fix	기본의미	① v. 고정시키다
	TEPS 중요의미	② v. (식사를) 준비하다 ③ v. 익히다, 조리하다
get	기본의미	① v. 전화를 받다 ② v. 데려가다
	TEPS 중요의미	③ v. 도달하다 → I'm getting there.(끝나고 있어.)의 형태로 쓰임.
hold	기본의미	① v. (식당 주문에서) 빼다 *ex.* Hold the onion. 양파는 넣지 마세요.
	TEPS 중요의미	② v. 견디다, 쥐고 있다 → hold on 전화를 끊지 않고 기다리다
linger	기본의미	① v. 지연되다, 질질 끌다
	TEPS 중요의미	② v. 서성대다
long	기본의미	① a. 긴
	TEPS 중요의미	② v. 갈망하다 → long for ~을 갈망하다
magazine	기본의미	① n. 잡지
	TEPS 중요의미	② n. 탄창 ③ n. 탄약고
mind	기본의미	① n. 마음 ② v. 꺼리다
	TEPS 중요의미	③ v. 돌보다

다의어

minute	기본의미	① n. 분
		② a. 상세한, 세심한
	TEPS 중요의미	③ n. (복수형으로) 회의록

| motion | 기본의미 | ① n. 운동 |
| | TEPS 중요의미 | ② n. 동의, 발의, 의견의 제시 |

| mundane | 기본의미 | ① a. 이승의, 현세의, 세속적인 |
| | TEPS 중요의미 | ② a. 평범한 |

| observation | 기본의미 | ① n. 관찰 |
| | TEPS 중요의미 | ② n. 의견 |

| occupancy | 기본의미 | ① n. 점유, 점거 |
| | TEPS 중요의미 | ② n. 객실 점유(율) |

operation 기본의미 ① n. 조작
② n. 동작 *ex.* the basic operation 기본적인 동작
③ n. 활동 *ex.* peace-keeping operations 평화유지 활동

TEPS 중요의미 ④ n. 수술
⑤ n. 작전

pass 기본의미 ① v. 통과하다
② v. 넘어가다

TEPS 중요의미 ③ v. (시간을) 보내다
④ v. 놓치다 (up)

plain	**기본의미**	① a. 쉬운, 단순한
	TEPS 중요의미	② a. 평평한
practice	**기본의미**	① v. 실행하다 ② v. 연습하다
	TEPS 중요의미	③ v. 개업하다 ④ n. 관행
pretty	**기본의미**	① a. 예쁜
	TEPS 중요의미	② a. 꽤 많은 *ex.* cost a pretty penny 꽤 많은 비용이 들다
read	**기본의미**	① v. 읽다
	TEPS 중요의미	② v. (무선 교신 등에서) 알아듣다 *ex.* I read you loud and clear. 무슨 말인지 잘 알겠습니다.
return	**기본의미**	① v. 돌려주다
	TEPS 중요의미	② v. 답신 전화를 하다
ride	**기본의미**	① n. 탈 것 → amusement park ride의 형태로 쓰임
	TEPS 중요의미	② v. 타다
room	**기본의미**	① n. 방
	TEPS 중요의미	② n. 여지
run	**기본의미**	① v. 달리다
	TEPS 중요의미	② v. (테이프나 영화가) 시간이 되다

다의어

shed	기본의미	① v. (피, 눈물 등을) 흘리다
	TEPS 중요의미	② v. 살을 빼다
spent	기본의미	① p.p. (돈을) 쓴, 소비된
	TEPS 중요의미	② a. 지친
stock	기본의미	① n. 주식 ② v. 비축하다, 저장하다
	TEPS 중요의미	③ a. 진부한, 상투적인
subscribe	기본의미	① v. 구독하다
	TEPS 중요의미	② v. 서명하다 ③ v. 계약하다
suffer	기본의미	① v. 괴로워하다
	TEPS 중요의미	② v. (고통, 손해 등을) 겪다, 나빠지다
swell	기본의미	① v. 붓다, 부풀다
	TEPS 중요의미	② v. 파도치다
take	기본의미	① v. 취하다
	TEPS 중요의미	② v. (음료를) 마시다
term	기본의미	① n. 기간 ② n. 학기
	TEPS 중요의미	③ n. 용어 ④ n. (복수형으로) 조건

toast	기본의미	① n. 토스트
	TEPS 중요의미	② v. 건배하다
total	기본의미	① v. 전손하다(전부 파괴하다)
	TEPS 중요의미	② a. 거의
weather	기본의미	① n. 날씨
	TEPS 중요의미	② v. 풍화시키다 ③ v. 견뎌 내다, 헤쳐 나가다
win	기본의미	① v. 이기다
	TEPS 중요의미	② v. 얻다 *ex.* You can't win them all. 모든 것을 가질 수는 없어.

A. 각 문장에서 밑줄 친 단어의 의미를 써 보세요.

1. I don't have any money left from my <u>allowance</u>.

____

2. The <u>swelling</u> has gone down.

____

3. The senator <u>weathered</u> the political storm.

____

B. 다음 단어들의 의미를 모두 써 보세요.

4. total
① v. ____________
② a. 거의

5. subscribe
① v. 구독하다
② v. ____________
③ v. 계약하다

6. favor
① n. 친절, 호의
② v. ____________를 봐주다

7. plain
① a. 쉬운, 단순한
② a. ____________

8. take
① v. ____________
② v. 음료를 마시다

Answers

1. 용돈 (→ 용돈에서 한 푼도 남은 게 없어.)
2. 붓기 (→ 붓기가 가라앉았어.)
3. 견뎌 냈다, 헤쳐 나갔다 (→ 그 상원의원은 정치적 파란을 헤쳐 나갔다.)
4. 전손하다
5. 서명하다
6. 편의
7. 평평한
8. 취하다

★ Real Test _ 해당 범위 연습문제

Choose the best word for the blank.

1. A: Do you think it is special?
B: No, it's __________.
(a) muni
(b) mundane
(c) mandatory
(d) mandator

2. A: Will you have cream and sugar in your coffee?
B: I __________ it with only cream.
(a) take
(b) make
(c) fix
(d) gulp

3. A: I heard that the government will prohibit smoking in buildings.
B: Perhaps. But I wouldn't __________ on it.
(a) bet
(b) do
(c) ally
(d) assemble

4. Whenever anyone asks the question, "Will the woman who is synonymous with The Sound of Music ever sing again?", the __________ answer is absolutely "YES."
(a) stalk
(b) stock
(c) still
(d) starch

5. The number of cellular phone __________ in Asia is predicted to rise from the current figure of around 10 million to 72 million by the year 2,010.
(a) respondents
(b) correspondents
(c) adherents
(d) subscribers

★Random Test _ 모든 범위의 연습문제

Choose the best word for the blank.

6. A: Tell you what, I will go get them __________, and you can go home.
B: I really want to see the pictures.
(a) constructed
(b) developed
(c) made
(d) pictured

7. A: As a wedding gift, the hotel would like to give you the honeymoon __________.
B: Thank you. That is so kind of you!
(a) sweet room
(b) room
(c) suite
(d) place

8. A: We still have an amount of __________ hours left to continue this negotiation.
B: Great. Perhaps we can come to an agreement easily.
(a) open
(b) close
(c) assuming
(d) unrevealed

9. If you __________ the Internet, it means that you spend time searching for things online.
(a) drill
(b) move
(c) surf
(d) watch

10. With the success of this novel, this young author has created a __________ for herself in the genre of romantic literature.
(a) award
(b) niche
(c) competition
(d) reward

11. Many countries around the world are trying to reduce their dependence on oil by __________ Brazil where bio ethanol provides about 30% of automobile fuel.
  (a) emulating
  (b) competing
  (c) disregarding
  (d) dismissing

12. Each occupation has its own jargon; bankers, lawyers and computer professionals, for example, all use language which outsiders have difficulty __________.
  (a) counseling
  (b) ushering
  (c) meriting
  (d) following

13. After an initially warm reception by most reviewers and continued __________ by conservative thinkers, Bloom's work came under heavy fire.
  (a) criticism
  (b) endorsement
  (c) denigration
  (d) refutation

14. The students __________ the library shelves carefully before selecting books.
  (a) peruse
  (b) note
  (c) consult
  (d) bruit

15. The candidate answered tough questions with __________ candor, winning over many viewers who had previously supported her rival.
  (a) disarming
  (b) dogmatic
  (c) impatient
  (d) presumptuous

Section Switch

If your blood pressure suddenly registers high, do not be alarmed. Stress, exercise, caffeine, and food intake can temporarily raise blood pressure with no lasting effects. Consequently, those who check their blood pressure should do so several times over a set period.

Translation

만약 당신의 혈압 수치가 갑자기 높게 나온다면 놀라지 마라. 스트레스, 운동, 카페인 그리고 음식 섭취는 지속적인 효과 없이 일시적으로 혈압이 올라가게 할 수도 있다. 결과적으로 혈압을 점검하는 사람들은 일정 기간에 걸쳐 여러 차례 해야 한다.

Vocabulary

blood pressure 혈압
alarmed 불안해 하는, 깜짝 놀란
temporarily 일시적으로
consequently 결과적으로
set 정해진

Final Test

지금까지 800 돌파를 위해 꼭 필요한 어휘 및 표현들을 익혔다. 자, 이제 실전과 똑같은 유형의 어휘 영역 문제 50문항을 풀어보면서 앞서 익힌 어휘 및 표현을 실전에서 능숙하게 활용할 수 있는 감각을 키워보도록 하자.

처음 문제를 풀 때는 반드시 실전과 똑같이 제한 시간 15분을 지켜 풀도록 해야 한다. 그런 다음, 〈정답 및 해설〉을 보며 틀린 문제는 두 번 다시 틀리지 않도록 꼼꼼히 점검해두자. 맞힌 문제 역시 문제 속에 등장한 어휘나 표현 가운데 알지 못했던 것은 반드시 그 의미를 파악해 둔다. 이런 식으로 문제를 검토하는 과정에서 이미 알고 있던 어휘는 더욱 확실히 자기 것으로 만들 수 있고, 새로운 어휘나 표현도 덤으로 익힐 수 있게 된다.

Final Test (1)

Choose the most appropriate word or expression for the blank in the conversation.

1. A: What's wrong with the rest room?
    B: The water faucet is __________. You should mend it.
    (a) gushing
    (b) leaking
    (c) detaining
    (d) spoiling

2. A: John is a skillful debater.
    B: Yes, his calculated sarcasm can really __________. His opponent was clearly flushed
    under the attack.
    (a) fold up
    (b) go under
    (c) hit home
    (d) fly off the handle

3. A: I've decided to run a marathon next week.
    B: A marathon? You're __________ my leg.
    (a) pushing
    (b) hitting
    (c) pulling
    (d) shaking

4. A: I cannot read these computer books as they are full of technical __________.
    B: Don't worry. If you enter that field, you will be fully accustomed to it in a short time.
    (a) jargon
    (b) jaguar
    (c) jiggery
    (d) jacket

5. A: What do you think of the tracing services given by telephone companies?
    B: If it's misused, it can be a huge __________ of privacy.
    (a) interruption
    (b) aggression
    (c) introversion
    (d) invasion

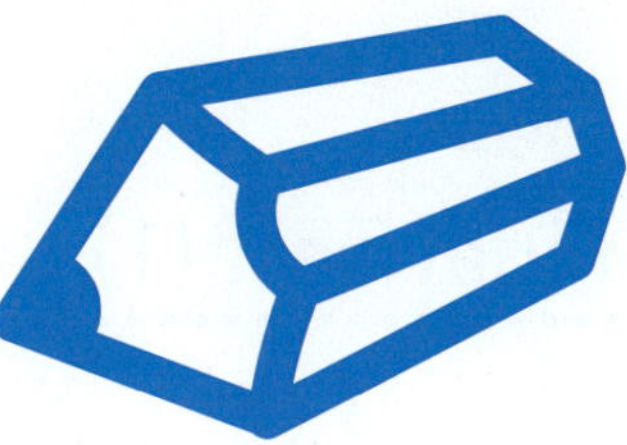

6. A: You don't want to have dessert? It's your favorite chocolate cake.
   B: I really want to. But my doctor has warned me that I'm on the verge of __________ diabetes.
   (a) deterring
   (b) devouring
   (c) developing
   (d) devising

7. A: I think that dress isn't a good match for you. __________
   B: Do you think I should wear another one?
   (a) No offense.
   (b) Like what?
   (c) Is that it?
   (d) I'm in good shape.

8. A: This month's sales record is terrible.
   B: I know. We'll draw a vigorous __________ from the head office again.
   (a) consulate
   (b) rebuke
   (c) extortion
   (d) sewage

9. A: Korea's economic condition has been getting worse recently.
   B: Right. Most of all, interest rates have begun to climb __________.
   (a) dramatically
   (b) magically
   (c) swiftly
   (d) speedily

10. A: What is GDP?
    B: GDP, an abbreviation of "Gross Domestic Product", is the most commonly used economic __________.
    (a) teller
    (b) appearance
    (c) depiction
    (d) indicator

Final Test (1)

11. A: I can't stand this town's __________ stench any more!
B: Me, neither. I hope the sanitation workers' strike will end soon.
(a) intractable
(b) dissolute
(c) revolting
(d) assiduous

12. A: Why do you and Jim look so sad?
B: Do I have to __________ it out for you? We have been arguing.
(a) spell
(b) make
(c) speak
(d) call

13. A: I need to talk to you about the final exam results.
B: What's wrong with it? I think I made great __________ this time.
(a) fiasco
(b) progress
(c) default
(d) defect

14. A: Which factors do you think mostly __________ the sales of clothing?
B: I'm not too sure. Perhaps the manager can give you a better idea.
(a) effect
(b) hold
(c) behold
(d) affect

15. A: In fact, we cannot just __________ our hands in this situation.
B: I agree with you. We should look for other means to survive.
(a) sit on
(b) back on
(c) give up
(d) demolish

16. A: Gosh! He looked completely __________ after the marathon race.
B: I heard that he was convoyed to the hospital.
(a) disposed
(b) displeased
(c) dispossessed
(d) disheveled

17. A: I'm tired. I don't know why the plane is still not landing.
B: Yes, all passengers were completely __________ after the 14 hours' long flight.
(a) mournful
(b) satisfied
(c) patient
(d) cranky

18. A: I think that he should quit now before it gets any worse.
B: Yes, you're right. He's in a __________.
(a) no-win situation
(b) easy situation
(c) difficulty
(d) no easiness

19. A: There's a rumor that his wife has __________ shares in the company.
B: That makes him influential in the company.
(a) soothing
(b) little
(c) sizable
(d) a few

20. A: Too many people have opposed this plan.
B: Don't be too pessimistic. I'm sure that they will offer a __________.
(a) same proposal
(b) counterproposal
(c) fitting opinion
(d) separate opinion

Final Test (1)

21. A: He is the biggest __________ to our school policy. He always does as he wishes.
B: I'm sorry to hear that. I completely disagree with you. I think that he is a good man.
(a) invention
(b) obstacle
(c) delight
(d) sadness

22. A: That's a relief. The loan can be __________ for a year or two.
B: You can breathe a little easier. But, it still doesn't give you enough time to finish your project.
(a) attenuated
(b) reimbursed
(c) taken
(d) extended

23. A: Wow, Kiny! You're __________. I see.
B: You know me, sir. I always work very hard.
(a) chasing around
(b) playing all night
(c) burning the midnight oil
(d) ganging up

24. A: Sorry for leaving you before, but I realize that I love you now.
B: I'll __________,
(a) get you bake
(b) take you back
(c) take you off
(d) get you in

25. A: I'm sorry, but I think that it's over between us.
B: I don't want to __________ with you.
(a) hang up
(b) break in
(c) hold up
(d) break up

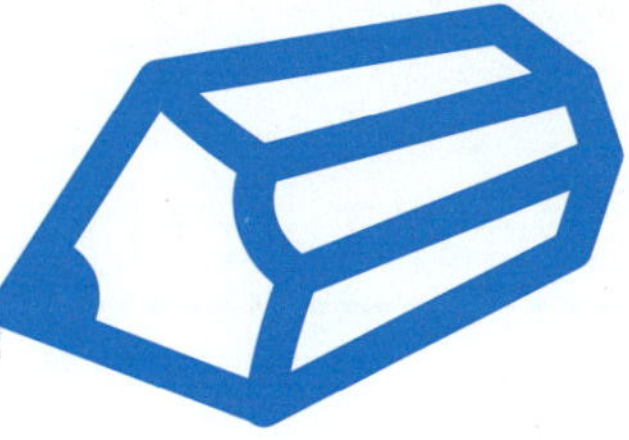

Part 2

Choose the most appropriate word or expression for the blank in the statement.

26. With most fitness programs, your body eventually adjusts, and you __________ a plateau.
(a) score
(b) reach
(c) arrive
(d) get

27. Many people who detest cricket find it silly when a group of young men, all __________ intelligent, run about and hit a little ball for three or four days on end.
(a) seemingly
(b) untimely
(c) indirectly
(d) forcefully

28. Understanding the cultural habits of another nation is a complex, bewildering task, but the rewards of knowing at least the fundamentals of their way of life are __________ the time and trouble it takes to learn them.
(a) suppressed by
(b) well worth
(c) slowing down
(d) doing away with

29. The shoplifter made __________ excuses when he was caught.
(a) ordeal
(b) flimsy
(c) fragile
(d) dim

30. The new restaurant had an art deco interior and a sophisticated __________, so we were pleasantly surprised at its reasonable prices.
(a) ambiance
(b) complacency
(c) eminence
(d) nuisance

31. I hate listening to people of commerce who talk __________ at parties.
   (a) store
   (b) department
   (c) market
   (d) shop

32. Even though Jane is an eager and intelligent worker, she's still a little __________, so please help her out when she makes mistakes.
   (a) up to her ears
   (b) wet behind the ears
   (c) cup of tea
   (d) against the grain

33. The pilot reported zero __________ outside which was caused by the storm.
   (a) visibility
   (b) sight
   (c) range
   (d) limit

34. This company has focused on autos, shunning the __________-in-every-pie approach of other conglomerates.
   (a) finger
   (b) nose
   (c) hand
   (d) hair

35. This island is a colony; however, in most matters, it is __________ and receives no orders from the mother country.
   (a) disinterested
   (b) impoverished
   (c) autonomous
   (d) heretical

36. He had an extremely __________ friend whose mind was constantly occupied with the thought of delicacies.
(a) charming
(b) corpulent
(c) dirty
(d) thin

37. Farmers used rivers to create a network of irrigation canals that watered thousands of acres in __________ valleys.
(a) arid
(b) precipitous
(c) fertile
(d) steep

38. Authorities are to tighten control of __________ software applications.
(a) coined
(b) multiplied
(c) pirated
(d) brewed

39. Although a few experts are worried about unemployment, the general __________ seems to be that economy will improve this year.
(a) consensus
(b) accumulation
(c) supplement
(d) alliance

40. A large crowd of people gathered to __________ the court's decision.
(a) detest
(b) attest
(c) contest
(d) protest

41. After walking in the snow for hours, they were glad that the room was so __________.
(a) cozy
(b) contagious
(c) convert
(d) cowardly

42. The trend toward computerization of an ever-increasing number of airline functions is accelerating rapidly and is beginning to __________ even the smallest of the world's carriers.
(a) rumble
(b) develop
(c) embrace
(d) impress

43. The alcoholic beverage was __________ in a modern, highly antiseptic system that gave it superior quality.
(a) distorted
(b) distributed
(c) diffused
(d) distilled

44. France __________ in opportunities for well-educated young men and women.
(a) is bound
(b) abounds
(c) binds
(d) bonds

45. The blast at the marketplace was so severe that the entire gallery went up __________ in just a few seconds.
(a) in flight
(b) in flames
(c) in tray
(d) in depth

46. Superstitious people believe that the __________ of the dog is a bad omen, foretelling the death of a loved one.
(a) wine
(b) whine
(c) wind
(d) wane

47. Unless you spend time close to scientists, it is difficult to appreciate the sheer __________ tedium which many of us would feel if we put ourselves through their daily routines.
(a) mind-numbing
(b) mind-boggling
(c) mind-stimulating
(d) absent-minded

48. They were not provided with the land or compensation they were promised, so they're __________.
(a) impoverish
(b) prosperous
(c) destitute
(d) helpful

49. Two of Paris's main urban train lines will be severely __________ on Saturday due to Friday's strike action, said the city's transport authority.
(a) disrupted
(b) resumed
(c) demolished
(d) contaminated

50. The guidance I received from this institute has been the __________ of my successful career as a media reporter.
(a) thumb
(b) flagstone
(c) edge
(d) cornerstone

Final Test (2)

Choose the most appropriate word or expression for the blank in the conversation.

1. A: How can I solve this? She is so mad at me.
   B: Call her and ___________.
   (a) break up
   (b) spread out
   (c) help it out
   (d) work it out

2. A: Have you seen the bride?
   B: Yes, she was with her __________.
   (a) best man
   (b) figure
   (c) bridesmaids
   (d) defendant

3. A: They're all __________, and hyped up on sugar.
   B: Why are you so pessimistic with children?
   (a) grease
   (b) greedy
   (c) cute
   (d) sorrow

4. A: I heard that she's pregnant. Is that right?
   B: Yes, she is __________ soon.
   (a) giving birth
   (b) giving a child
   (c) having a child
   (d) having birth

5. A: There's gonna be a __________ little baby.
   B: Oh! I'm going to be a father. I will be a great father.
   (a) up-to-date
   (b) original
   (c) fresh
   (d) brand-new

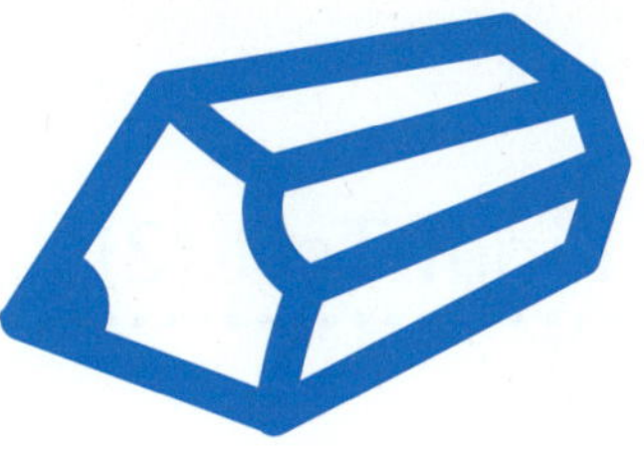

6. A: Look, I have a __________.
    B: Really? Can you see the baby? It's too tiny.
    (a) M.R.I. picture
    (b) x-ray picture
    (c) sonogram picture
    (d) radiation picture

7. A: Why haven't we seen him recently?
    B: He has been __________ with his other friends.
    (a) going out
    (b) hanging out
    (c) halted
    (d) probed

8. A: So she's really not dead?
    B: No. She's __________. Thanks for the concern.
    (a) hanging up
    (b) hanging with
    (c) hanging in there
    (d) hanging edge

9. A: You were sending me __________!
    B: It was nothing. It didn't mean anything.
    (a) signals
    (b) sign
    (c) note
    (d) notice

10. A: Let's just __________.
    B: OK, tell me about it. What is your point?
    (a) cut to the chase
    (b) cut the start
    (c) cut the end
    (d) reduce

11. A: How could you do such a thing?
B: I know. It was ____________.
(a) altruistic
(b) vulgar
(c) alter
(d) vinegar

12. A: What's your job?
B: I'm a _________ on TV.
(a) drama actor
(b) soap opera
(c) soap actor
(d) soap player

13. A: His __________ was witnessed by a group of people.
B: Yes, and I believe that he is going to be arrested.
(a) vide
(b) violin
(c) violent
(d) violation

14. A: I'm starting to have __________ about our report.
B: Then perhaps we need to add more detail.
(a) admitted
(b) first thought
(c) second thoughts
(d) submitted

15. A: How's the result of the surgery?
B: Well, the ___________ was not successful.
(a) brain transplant
(b) hair transplant
(c) brain transection
(d) hair transfusion

16. A: Can you remember what happened?

B: Yes, ___________.

(a) highly

(b) necessarily

(c) vividly

(d) vital

17. A: What happened? You were going like ___________ yesterday.

B: I was running away from a huge dog.

(a) a mouse out of hole

(b) a bat out of hell

(c) a pitiful rabbit

(d) a hunter

18. A: We are going to be his aunts and uncles.

B: Yeah, we are ___________.

(a) drawn blood

(b) blooded

(c) blood and iron

(d) related by blood

19. A: It smells bad. We should check everywhere.

B: I said there was a ___________.

(a) water leak

(b) gas leak

(c) gas lick

(d) water lick

20. A: Where are the ___________ cameras?

B: Why? Didn't you bring a camera of your own?

(a) potable

(b) useless

(c) disposable

(d) digital

Final Test (2)

21. A: How are you? Got any __________?

    B: Yes, being pregnant is not easy.

    (a) morning sickness

    (b) throwing up

    (c) puking

    (d) vomitting

22. A: Did you hear that? Our new teacher is a very famous __________.

    B: I know. He has even named a few species.

    (a) scientist

    (b) botanist

    (c) psychologist

    (d) bacteriologist

23. A: Why do you keep giving me drinks? I'm not a heavy drinker.

    B: Trying to __________.

    (a) give up

    (b) alcohol you up

    (c) drunk you

    (d) get you drunk

24. A: You are so __________.

    B: Thanks, I'm working for a fashion magazine.

    (a) on style

    (b) in style

    (c) for style

    (d) about style

25. A: You're the most __________ manager I've ever worked for.

    B: Thank you. You are also an outstanding worker.

    (a) talented

    (b) natural

    (c) horrible

    (d) taking

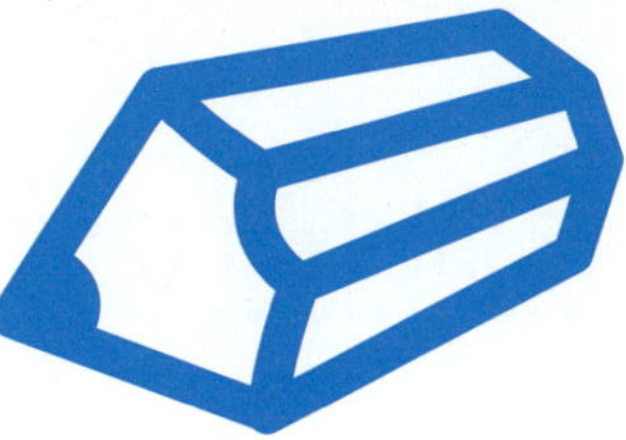

Choose the most appropriate word or expression for the blank in the statement.

26. A spirit of uneasiness __________ the whole city.
(a) alleviated
(b) polished
(c) decorated
(d) pervaded

27. My company is now __________ the original size. It used to be only half the size when it was first established.
(a) triple
(b) multiple
(c) double
(d) duplicate

28. The consequence of possessing dangerous items at school is __________.
(a) awards
(b) expulsion
(c) encouragement
(d) violence

29. __________ is a genre of literature in which a writer can freely describe unreal events with made-up characters.
(a) Essay
(b) Portrait
(c) Fiction
(d) Biography

30. My friend was __________ that she was charged a late fee.
(a) negative
(b) incorrigible
(c) joyful
(d) furious

31. The gentleman was __________ . I really liked the way he spoke.
(a) swellhead
(b) swallowing
(c) swell
(d) swellfish

32. Today I went to the park with my dog, and we played with a tennis ball; my dog loves __________ it.
(a) taking
(b) fetching
(c) giving
(d) bringing

33. When the doctors __________ the baby, they were surprised by its size.
(a) gave birth
(b) addressed
(c) did
(d) delivered

34. In some countries, a person who commits a serious offense may be __________ to death.
(a) announced
(b) ordered
(c) sentenced
(d) made

35. After I turned in my essay test for my history class, my teacher called me and said that my handwriting was not __________ .
(a) audible
(b) legible
(c) incomprehensible
(d) intelligible

36. My math test was so difficult. It was __________ to just sit through it.
    (a) agonizing
    (b) bearable
    (c) tired
    (d) better

37. After __________ up with her boyfriend, Sophie was heartbroken and she just couldn't stop crying.
    (a) crushing
    (b) speaking
    (c) doing
    (d) breaking

38. The senior professor was a(n) __________ thinker who believed in doing even tedious calculations by hand rather than using a computer.
    (a) eclectic
    (b) doctrinaire
    (c) ingenuous
    (d) cogent

39. My friends were not being perfectly open or __________ with me, so I had to tell them that my patience was running out.
    (a) candid
    (b) candy
    (c) indirect
    (d) conventional

40. Parents warn their children to __________ from smoking and taking drugs because they want their children to be safe.
    (a) stay within
    (b) stay outside
    (c) stay away
    (d) stay behind

Final Test (2)

41. Frank never exposes other people's secrets to anyone, and he does not gossip. He is a
very __________ person.
(a) unworthy
(b) heartbreaking
(c) irrational
(d) trustworthy

42. Siberian tigers are getting close to becoming __________. There should be an
international effort to bring the number up.
(a) prosperous
(b) spontaneous
(c) extinct
(d) many

43. Several hours after the attack, the police arrested a __________.
(a) suspect
(b) suspicious
(c) convict
(d) prisoner

44. The baby who lives next door always wants me to give him a certain snack. I'm sure
that he is __________ with it.
(a) fearful
(b) loved
(c) obsessed
(d) paranoid

45. Due to lack of time, the Board asked him to present a __________ of the report.
(a) bust
(b) just
(c) gist
(d) rust

46. In many Asian countries, people have a high __________ for the elderly.
(a) esteem
(b) verification
(c) encomium
(d) bewilderment

47. The director, who is still searching for funding for his aborted Don Quixote project which was __________ off in 2001 following a string of catastrophes, has called *The Brothers Grimm* "his commercial film."
(a) taken
(b) interrupted
(c) ceased
(d) called

48. Some 325 million copies of the 33 Asterix albums have been sold, with __________ into languages as diverse as Urdu, Arabic and even Latin.
(a) translations
(b) references
(c) subscriptions
(d) transformations

49. The Board __________ an emergency meeting to take action against the Director.
(a) conveyed
(b) convened
(c) converted
(d) converged

50. Although too much of the gas is deadly, minute __________ help widen blood vessels and cut down inflammation, which could boost the survival chances of organ transplant patients.
(a) doses
(b) injection
(c) one
(d) inhale

Final Test (3)

Part 1

Choose the most appropriate word or expression for the blank in the conversation.

1. A: Why are you so happy?
   B: To my amazement, the Robinson bank lent me one million dollars, with __________.
   (a) reservation
   (b) no strings attached
   (c) straight from the horse's mouth
   (d) set teeth

2. A: What do you do?
   B: I'm a __________.
   (a) massage
   (b) meadow
   (c) message
   (d) masseur

3. A: Just in case, we should have some __________.
   B: Yeah, for sure.
   (a) fiasco
   (b) ablation
   (c) precursor
   (d) ground rules

4. A: Why did you __________ the room?
   B: Bothering him is so funny.
   (a) track him down
   (b) chase him around
   (c) hand down
   (d) go down

5. A: Now, just __________ your arms a little bit.
   B: I can't because one of my arms is broken.
   (a) bend
   (b) band
   (c) bond
   (d) flat

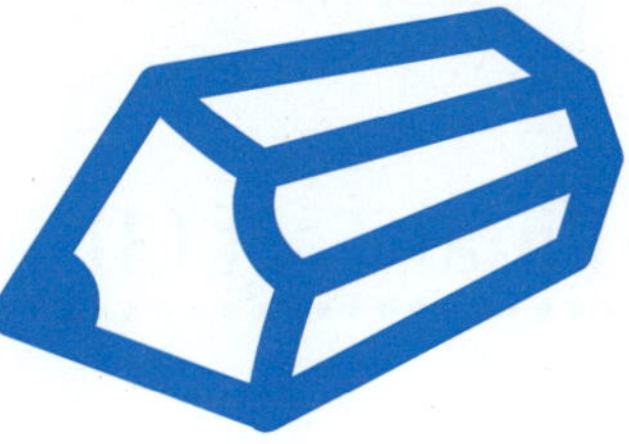

6. A: Hi, it's Pitt, from the Halloween party. Sula's ____________.

B: She is going to be your wife?

(a) fiance

(b) groom

(c) bride

(d) partner

7. A: __________ your feet.

B: I don't want to wash my feet because the water is too cold.

(a) Extract

(b) Pick out

(c) Soak

(d) Soap

8. A: Did you find your lost camera?

B: I checked in the __________, but it wasn't there.

(a) office

(b) lost and found

(c) information center

(d) entrance

9. A: I can't believe that she stole my recipe.

B: I'm just glad that I didn't tell her my __________.

(a) secret keeper

(b) secret ingredient

(c) secret item

(d) secret advice

10. A: What was your position?

B: I was __________ the cameras.

(a) in charge of

(b) checking

(c) ravaging

(d) polishing

Final Test (3)

11. A: Well, you know, we could __________ for it.
　　 B: OK. Heads or tails?
　　 (a) flirt
　　 (b) lump
　　 (c) flip
　　 (d) jump

12. A: I think she ordered a computer.
　　 B: No, I'm looking at a __________ here that shows she ordered the MP3 player.
　　 (a) bill
　　 (b) statement
　　 (c) order paper
　　 (d) purchase order

13. A: How was your sleep? Did you sleep well?
　　 B: Like a __________. I feel much better now.
　　 (a) log
　　 (b) dog
　　 (c) adult
　　 (d) lily

14. A: Can you please calm down?
　　 B: I am calm. It is you who is __________.
　　 (a) out of city
　　 (b) out of control
　　 (c) out of mad
　　 (d) out of stupid

15. A: I've always felt that you and I have a __________.
　　 B: Yes, I think that we are more than just good friends.
　　 (a) comity
　　 (b) feeling
　　 (c) vending
　　 (d) special bond

16. A: I just went inside without permission.

B: Some people call that __________.

(a) stole and ran off

(b) breaking and entering

(c) going inside

(d) jump inside

17. A: You were so mean to me. Why did you do that?

B: Because I was __________!

(a) coming on to you

(b) turing a blind eye to you

(c) mad at you

(d) mean around you

18. A: Why don't you __________? I'll get a picture of you giving the speech.

B: OK. Just give me a minute.

(a) go up on stage

(b) go down the stage

(c) walk on stage

(d) slip on stage

19. A: What did you say to the staff?

B: Nothing. But the complaints department at the company __________.

(a) took earful

(b) got an earful

(c) gave earful

(d) got fully

20. A: Can you make up an excuse?

B: Sure. But you need to __________.

(a) stand by me

(b) back me up

(c) come to me

(d) hand down

21. A: I was __________ across the western part of America.
    B: Really? I want to hear all about it. Was it exciting?
    (a) back out
    (b) back order
    (c) backpacking
    (d) backward

22. A: We do need to find somebody. Work is starting to __________.
    B: I've got a stack of documents this high.
    (a) pilch
    (b) pile up
    (c) pile in
    (d) pileous

23. A: Are you breaking up with him? You said you don't like him.
    B: Yes, I'm __________ him today.
    (a) dumping
    (b) jumping
    (c) pumping
    (d) talking

24. A: You read fictions, right?
    B: __________. I don't want to read any other kinds of books.
    (a) Exclusively
    (b) Excogitate
    (c) Excretory
    (d) Excessively

25. A: Wow! I think you guys always think the same.
    B: We have so much __________.
    (a) in a coma
    (b) in habit
    (c) in common
    (d) in commodity

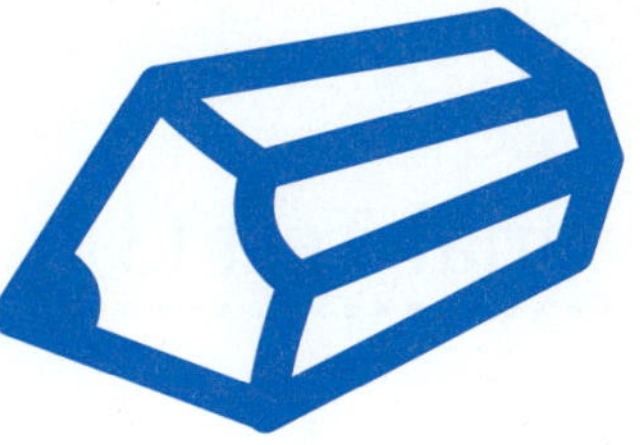

Choose the most appropriate word or expression for the blank in the statement.

26. My friend and I have been friends for quite a while. I find her very trustworthy and
__________.
   (a) royal
   (b) reliable
   (c) random
   (d) disloyal

27. There are two kinds of people in the world: people who are sympathetic and people
who are __________.
   (a) caring
   (b) loving
   (c) indifferent
   (d) incapable

28. One day I introduced Maggie to one of my friends and, five minutes later, they already
became close! I never knew Maggie was so __________.
   (a) introverted
   (b) extroverted
   (c) mean
   (d) malicious

29. I cannot believe that they are charging such a small amount of money for such a great
opportunity. The expense is so __________ compared to the benefits.
   (a) expensive
   (b) grandiose
   (c) unchanging
   (d) trivial

30. The day after my friend took that medicine, she got so itchy that she had to seek a
doctor's help. That was the worst kind of __________ I have ever seen.
   (a) side impact
   (b) side effect
   (c) side image
   (d) side matter

Final Test (3)

31. I didn't realize that I had __________ for the wrong class until it was too late to change.
    (a) signed in
    (b) signed up
    (c) signed on
    (d) signed down

32. Twiggy was so furious that his fist almost hit the judge's nose; the security guards had such a hard time __________ him.
    (a) promoting
    (b) motioning
    (c) improvising
    (d) restraining

33. After his dog's death, Neo was so depressed that he actually needed to seek a __________ help.
    (a) psychopath's
    (b) psychic's
    (c) psychiatrist's
    (d) psycho's

34. I am a __________ . I feel like I have to work all day, or I will go crazy.
    (a) alcoholic
    (b) workaholic
    (c) obsessed
    (d) possessed

35. My friends and I have been together since 5th grade. We help each other when one of us is sick or in a dilemma. I believe that our __________ is strong.
    (a) camaraderie
    (b) comrade
    (c) comity
    (d) candidness

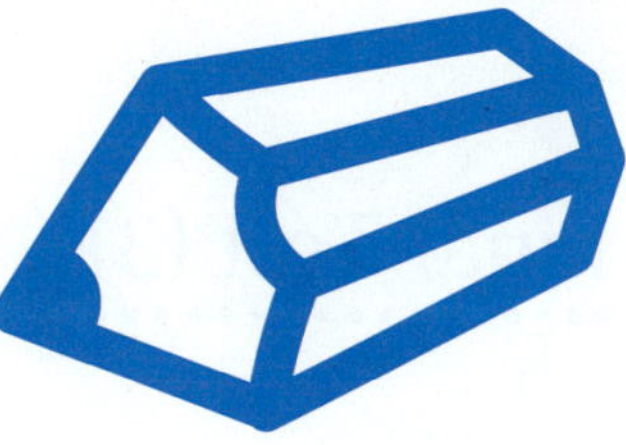

36. While the assistant principal was abusing her power, nobody dared to say anything. However, I took the __________ and told her that what she was doing was wrong.
(a) initial
(b) initiative
(c) indefinite
(d) uncertainty

37. While all the other teammates were acting lazy, the project leader was multi-tasking to complete the project on time. Her actions were truly __________.
(a) example
(b) sample
(c) exemplary
(d) eccentric

38. What is worse is that doctors are saying that the illness is so __________ that he now has to live apart from other people.
(a) collectable
(b) congeniality
(c) consistent
(d) contagious

39. This country's dictator is so frightened for his safety that he lives in __________. I wonder if he has any friends.
(a) nursery
(b) rehabilitation
(c) captivity
(d) reclusion

40. While the politician always speaks of children's health as being his priority, he recently opposed a bill that proposed lower costs for child healthcare. He is such a __________.
(a) hippopotamus
(b) hypertension
(c) hypocrite
(d) hyperaglesia

41. My teacher is a(n) __________ person. She likes things to be back in the place from where they originally came, and her hobby seems to be cleaning.
(a) disheveled
(b) tidy
(c) unmannered
(d) etiquette

42. The war in the Middle East seems to have no ending. Besides, there are so many surprise attacks all over the region that no one knows what will __________ there.
(a) go down
(b) go up
(c) fold
(d) unfold

43. When at war, soldiers should be careful while passing through a mountain valley; that sort of region is well known as a place of __________.
(a) mine
(b) beast
(c) ambush
(d) break

44. That man is __________ for taking poor people's money. Nobody likes him because they all know about it.
(a) a gambler
(b) praised
(c) liked
(d) notorious

45. A two-year French investigation has already __________ the same conclusion.
(a) committed
(b) reached
(c) retained
(d) created

46. Sheffield University scientists claim that their discovery could have other applications too, including treating inflammatory diseases such as __________ and high blood pressure.
(a) arthritis
(b) diabetes
(c) obesity
(d) anorexia

47. The country's biggest stars of the stage, screen and music, including Tun Eindra Bo — 'Myanmar's __________ to Angelina Jolie' — have formed a "Sangkha Support Committee".
(a) equivalent
(b) support
(c) memory
(d) similar

48. Stomach walls __________ the food up to make sure it's mixed with your acidic digestive juices.
(a) chop
(b) dice
(c) churn
(d) melt

49. Whole sesame seeds can also be eaten and are often seen as a decoration on cakes and confectionery, or toasted and sprinkled as a __________ on oriental foods.
(a) garnish
(b) broth
(c) gravy
(d) dressing

50. In most cases, people who describe themselves as __________ exclude all types of meat from their diet.
(a) epicures
(b) good livers
(c) gourmands
(d) vegetarian

Choose the most appropriate word or expression for the blank in the conversation.

1. A: She took care of my __________.
   B: Are you OK? These days the sunlight is too strong. You need to be more careful.
   (a) wounds
   (b) injury
   (c) sunburned part
   (d) sunbaked portion

2. A: Do you remember the guy who took her to the __________?
   B: Yes, he danced very well, didn't he?
   (a) meeting
   (b) prom
   (c) ceremony
   (d) funeral

3. A: Can you provide a private labor room?
   B: Sorry sir, but we only have __________.
   (a) private bill
   (b) private roomer
   (c) semi-private labor rooms
   (d) second-private labor rooms

4. A: I'm so sorry, the doctor __________ closing the curtain for the exam.
   B: Oh, that's okay. I don't mind.
   (a) inside of
   (b) instead of
   (c) insisted on
   (d) institute of

5. A: I'm getting a __________.
   B: Why would you pay someone to scar your body for life?
   (a) tattoo
   (b) painting
   (c) picture
   (d) taffy

6. A: Do you still have that picture?

B: Yes, you gave it back to us, and we had it __________.

(a) freckle

(b) flamage

(c) flame

(d) framed

7. A: He has __________, okay? You have to, too.

B: But I still love him. I can't give him up.

(a) moved about

(b) moved on

(c) moved differently

(d) moved out

8. A: Where did you two meet?

B: At the store. I helped him __________ some vegetables.

(a) pick out

(b) pick up

(c) pick

(d) pick down

9. A: You have a __________ him.

B: Perhaps. I think he is definitely good-looking.

(a) run on

(b) crush on

(c) fake on

(d) love on

10. A: This machine is __________. It is extremely durable and saves us a lot of money.

B: I think that it can be operated for 1200 hours before it needs a service.

(a) imperfect

(b) broken

(c) fault-tolerant

(d) neglectful

11. A: This upgrade will be _________ to all licensed users.
　　B: Thank you for the convenience.
　　(a) protected
　　(b) inhibited
　　(c) prohibited
　　(d) provided

12. A: I hope we can come up with a _________ sooner or later.
　　B: So do I. I think that it can be solved soon in spite of its difficulties.
　　(a) compromise
　　(b) break
　　(c) rest
　　(d) cooperation

13. A: You should have negotiated with us _________.
　　B: You are right. It was a wrong decision to go alone without your cooperation.
　　(a) at hand
　　(b) in advance
　　(c) in progress
　　(d) at closure

14. A: After meeting him many times, he _________ to be an ugly man.
　　B: I guess we didn't know his inner mind well when we first met him.
　　(a) turned out
　　(b) rejected
　　(c) took out
　　(d) made up

15. A: The first thing on my list is to _________ the source of the problems.
　　B: I think so. You should analyze the process completely.
　　(a) close
　　(b) veil
　　(c) locate
　　(d) make

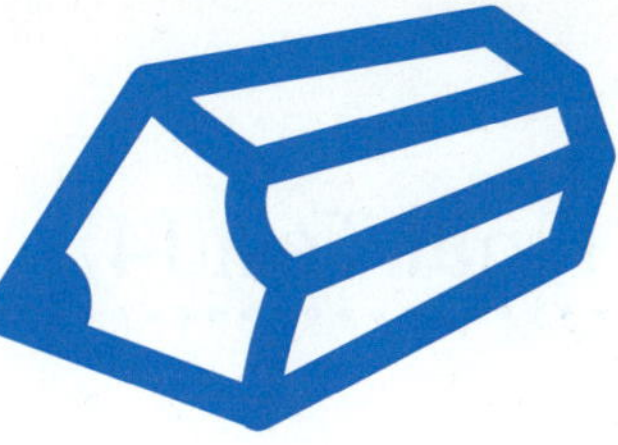

16. A: Be careful of him. Don't just __________ his word.

B: We have been friends since childhood. He is not a liar.

(a) take

(b) believe in

(c) take in

(d) swallow

17. A: In my opinion, the boss can __________ out the issue easily. He is an experienced man.

B: I think so. He has a lot of confidence.

(a) work

(b) disguise

(c) send

(d) make

18. A: Good! I win.

B: Yes, but I won before, so it __________ .

(a) is off balance

(b) goes well

(c) is same

(d) balances out

19. A: Scientists predict that cloning may __________ successfully in the near future.

B: What a ridiculous thought! Do you really believe that? It has failed every time.

(a) occur

(b) erase

(c) happen

(d) like

20. A: I __________ with the idea of retiring from my job.

B: I don't think it is a good idea. Besides, you're too young to retire.

(a) toy

(b) have

(c) tell

(d) speak

21. A: My company __________ profits from the China fund.
    B: It is good to hear that after such a long time.
    (a) accrued
    (b) discarded
    (c) reaped
    (d) started

22. A: You need to work harder. You should __________ more effort into your work.
    B: OK. I will try.
    (a) receive
    (b) put
    (c) edit
    (d) flee

23. A: We will hold the summer festival on the third week of July this year.
    B: __________. Let's announce the schedule to all.
    (a) So be it
    (b) So do I
    (c) So will be
    (d) So it is

24. A: The repairs on the expressway are finally complete.
    B: Better late than __________.
    (a) last
    (b) end
    (c) never
    (d) close

25. A: Not only did he stand me up, but he acted like he hadn't done anything wrong.
    B: Oh, come on. Forgive and __________.
    (a) give
    (b) forget
    (c) give up
    (d) let up

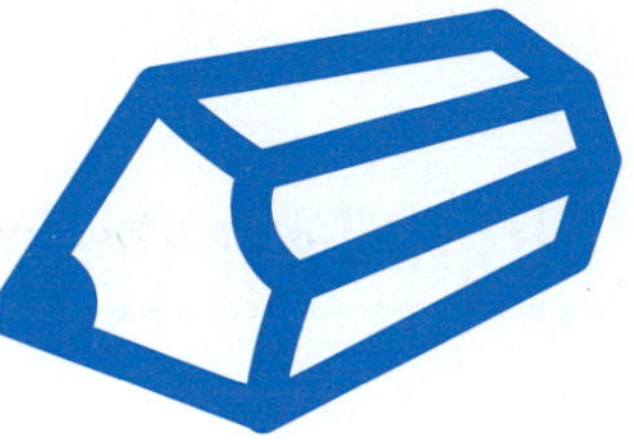

Part 2

Choose the most appropriate word or expression for the blank in the statement.

26. During my summer break, I never woke up before noon. I was so __________ back then.
    (a) sluggish
    (b) disheveled
    (c) untidy
    (d) organized

27. The girl told the man that he was the only person she has ever loved. But It was then that he realized she was a __________ person.
    (a) mundane
    (b) malicious
    (c) manly
    (d) mendacious

28. One of my __________ friends doesn't realize that her loud voice often disturbs other people; she calls out to her friends loudly in public places.
    (a) ill
    (b) undermined
    (c) noble
    (d) ungraceful

29. He gets lazy and __________ until it is too late to start his homework, and this is probably why he does not finish it on time.
    (a) procrastinates
    (b) proceeds
    (c) procures
    (d) produces

30. When he was young, he used to be an outcast; people often brought him into __________ for no reason.
    (a) inclusion
    (b) circle
    (c) ridicule
    (d) subject

Final Test (4)

31. During a baseball game, a man in the audience was hit by a foul ball; everybody was
surprised to see him still __________ even after being hit in the face.
(a) bloody
(b) furious
(c) infuriated
(d) conscious

32. People sometimes gossip because their only joy in life is in __________ other people's
dignity.
(a) determining
(b) undermining
(c) undertaking
(d) overstating

33. A senior United Nations envoy is in Myanmar to urge the military government to end
its violent __________ on pro-democracy protesters.
(a) crackdown
(b) tumble-down
(c) turn-around
(d) turmoil

34. Ironically, Afghan President __________ suicide bombing, offering the Taleban posts for
peace.
(a) contended
(b) condemned
(c) contested
(d) protected

35. Diplomats say they are __________ to agreement on disarmament goals for Pyongyang.
(a) contagious
(b) paid
(c) close
(d) keep

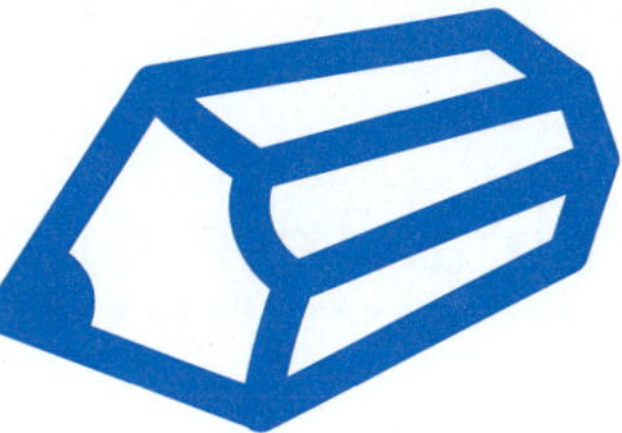

36. The __________ of our thoughts by means of language, whether spoken or written, constitutes a peculiar type of art.
(a) transportation
(b) transfer
(c) communication
(d) movement

37. __________ carbohydrates refer to foods where machinery has been used to remove the high fiber bits from the grain.
(a) Crude
(b) Refined
(c) Nutrient
(d) Dehydrated

38. The expansion of armaments will only __________ the national division of the Korean peninsula.
(a) perpetuate
(b) commemorate
(c) eradicate
(d) consolidate

39. After holding prayers at the Sule Pagoda in the business district, a crowd __________ at up to 100,000 marched to another pagoda and eventually dispersed peacefully.
(a) estimated
(b) counted
(c) numbered
(d) expected

40. This fall is an early warning signal that even the buoyant London economy is __________ to market forces.
(a) transferable
(b) susceptible
(c) sustainable
(d) transparent

41. A senior U.S. official said that President George W. Bush would announce new
__________ against Myanmar's rulers.
(a) sanitations
(b) solutions
(c) schemes
(d) sanctions

42. "We hope that the regime will use this opportunity to launch a process of real political
reform," said Cristina Gallach, __________ for EU.
(a) spokeswoman
(b) speakerwoman
(c) spokewoman
(d) spokeperson

43. He __________ President Joseph Kabila of backing Hutu rebels in the Democratic
Forces for the Liberation of Rwanda (DFLR).
(a) asserted
(b) arranged
(c) accused
(d) deceived

44. The long-delayed __________ will investigate how Diana and Dodi Fayed died, along
with their driver Henri Paul, when their car crashed in a Paris tunnel.
(a) inquest
(b) discovery
(c) testimony
(d) court

45. This country tried to invade its neighboring country for centuries; however, the
neighboring country's __________ was so strong that it could not really enact its plan.
(a) reclusion
(b) resistance
(c) proposal
(d) approval

46. Most pirate ships were surprisingly egalitarian and __________. It was normal for the captain to be elected, and most issues were decided by a vote.
(a) monarchy
(b) partial
(c) democratic
(d) oligarchy

47. We organized a small game at the beginning of the meeting to break the __________.
(a) rice
(b) vice
(c) ice
(d) eyes

48. He is such a shrewd politician that he will never __________ for all the wrongdoings of his party.
(a) take a bath
(b) take the blame
(c) take a dive
(d) take wing

49. According to child psychologists, children, whose parents have high expectations of them, are likely to __________ from depression.
(a) scuffle
(b) suffuse
(c) suffer
(d) shuffle

50. Allergic __________ is a condition of the skin which most commonly affects children.
(a) tuberculin
(b) asthma
(c) arthritis
(d) eczema

정답 및 해설

Chapter 1 ~ 9의 Actual Test와 Final Test 4회분의 정답과 해설이다. 틀린 문제는 두 번 다시 틀리지 않도록 꼼꼼히 점검하고, 점검하는 과정에서 새롭게 등장한 어휘나 표현들도 반드시 익혀두도록 한다. 맞힌 문제 역시 주어진 대화나 문장의 의미를 제대로 파악하고 맞혔는지 해석을 보며 확인한다.

Chapter 1 연어

1.

해석_ A: <American Idol>에 출연한 우리 친구 제인 봤니?

B: 물론 봤지. 걔는 그 쇼에서 보여준 공연으로 평판이 자자해졌는걸.

해설_ make a splash는 '철벅 소리를 내다' 라는 뜻 외에 '깜짝 놀라게 하다', '평판이 자자해지다' 라는 의미가 있다.

어휘_ lash 채찍 **clash** 땡땡 소리; 충돌 **flash** 섬광

정답_ (b)

2.

해석_ 그 비행기는 기계 고장으로 인한 일시정지 때문에 제시간에 이륙할 수 없었다.

해설_ technical hitch는 '(기계 고장으로 인한) 일시정지' 를 의미한다.

어휘_ take off 이륙하다 **due to** ~때문에 **turmoil** 소란, 소동

정답_ (a)

3.

해석_ 시간이 지남에 따라 그녀는 무슨 일이 있었는지 정확하게 기억하기 어려워졌다.

해설_ the lapse of time은 '시간의 경과' 라는 의미.

어휘_ ditch 수로, 도랑 **fiasco** 큰 실수, 대실패 **spite** 악의, 심술

정답_ (c)

4.

해석_ 이 커다란 텐트는 **yurt**라고 불리며 몽골 유목민의 안식처다.

해설_ haven of peace는 '안식처' 이다. **heaven**(하늘)과 혼동하지 않도록 유의하자.

어휘_ nomadic 유목의 **caravan** (사막의) 대상 **patriarch** 가장, 족장 **domicile** 처소, 집, 주소

정답_ (d)

5.

해석_ 그 직원 파업은 회사에 의해 계약 위반으로 간주될 것이며, 그들에 대한 징계 조치가 취해질 것이다.

해설_ '계약 위반' 은 **a breach of contract**라고 한다.

어휘_ strike 파업 **be considered as** ~로 간주되다 **disciplinary action** 징계 처분 **preach** 설교 **reach** (팔이) 미치는 범위, 세력 범위

정답_ (c)

6.

해석_ 정보활동의 자유로 인해 개인이 정부 문서를 열람할 수 있다.

해설_ access to는 '~에 대한 접근' 이라는 뜻으로, 자료나 시설 등에 접근할 수 있는 것을 말한다. 전치사 **to**와 함께 쓰인다는 점에 유의하자.

어휘_ Information Act 정보활동 **private citizen** 개인 **excess** 과잉, 초과 **redress** 교정, 시정 **release** 방출

정답_ (a)

7.

해석_ 최근의 회의가 정치적 현안의 교착 상태를 타개하는 데 실패해서 그 동맹 관계는 현재 심각한 곤경에 처해 있다.

해설_ '교착 상태를 타개하다' 라는 표현은 **break the deadlock**이다. **break** 대신 **talk**를 선택하지 않도록 주의하자.

어휘_ alliance 동맹, 동맹관계 **political reservation** 정치적 현안

정답_ (a)

8.

해석_ 새로운 공정거래정책은 소규모 사업가들과 영세업자들에게 그들의 상품을 판매할 절호의 기회를 제공해 주었다.

해설_ 문맥상 '절호의 기회' 라는 의미가 되어야 한다. 이에 해당하는 표현이 **golden opportunity**인데, **golden** 대신 **the best** 나 **excellent**를 써도 같은 의미가 된다.

어휘_ fair trade policy 공정거래정책 **provide A for B** B에게 A를 제공하다 **entrepreneur** 기업가

정답_ (c)

9.

해석_ 새 위원장이 내린 결정은 이 단체 본연의 목적 및 목표와 현저한 대조를 이룬다.

해설_ 문맥상 '현저한, 뚜렷한' 이란 뜻의 **stark**를 넣어야 한다. **stark [striking] contrast**(현저한 대조)로 외워 두자. **strong**은 정도의 측면에서 강하다고 할 때 쓴다.

어휘_ in contrast to ~와 대조를 이루어 **starch** 거북한 **strain** 긴장

정답_ (c)

10.

해석_ 야당의 모든 고위 간부들은 정부에 의해 가택 연금 상태에 처해졌다.

해설_ be placed under house arrest는 '가택 연금 상태에 놓

이다' 라는 의미.

어휘_opposition party 야당

정답_(d)

11.

해석_몸의 환부는 수술을 통해서 제거될 수 있다.

해설_the diseased part는 '병에 걸린 부위', 즉 '환부'를 뜻한다.

어휘_remove 제거하다 surgery 수술 disturbed 정신 장애가 있는 deceased 사망한

정답_(d)

12.

해석_매복을 하기에 앞서 그 장군은 부대원들에게 시계를 똑같이 맞추라고 지시했다.

해설_문맥상 '(시계 등의) 시간을 맞추다' 라는 뜻의 synchronize가 들어가야 한다.

어휘_launch 착수하다, 시작하다 ambush 매복, 잠복 troops 군대 unwind (감겨 있는 것을) 풀다

정답_(c)

13.

해석_현대전의 전략은 그들의 대의명분에 대해 대중의 지지를 얻기 위하여 언론을 교묘히 조작하는 데에 집중한다.

해설_문맥상 '지지를 얻다' 라는 뜻이 되도록 gain을 넣어야 한다. gain support로 외워 두자.

어휘_strategy 전략 focus upon ~에 집중하다 manipulate (교묘히) 조작하다 elect 선거하다 represent 대표하다

정답_(b)

14.

해석_힌두교도들은 우리의 영혼이 영원토록 존재한다는 강한 믿음을 가지고 있다.

해설_문맥상 '영원, 내세'의 뜻을 가진 eternity가 들어가야 한다.

어휘_soul 영혼 continue 계속되다, 존속하다 creativity 창조성 brevity 간결 stability 안정

정답_(d)

15.

해석_그들은 소통장애 때문에 행복해지기가 어렵다는 것을 알았다.

해설_'소통장애' 는 communication mix-up이라고 한다.

정답_(c)

Chapter 2 숙어 (1)

1.

해석_A: 사장님이 잔무에서 자기를 해방시켜 주었다고 Bob이 나한테 말했어요.

  B: 그래요, 그는 사장님에게 이미 업무가 과하다고 설명했죠.

해설_let A off the hook은 'A를 자유롭게 해 주다' 라는 뜻의 관용구.

어휘_extra work 잔무 overload 과하게 부과하다 hindrance 방해 clasp 걸쇠; 움켜쥠

정답_(b)

2.

해석_A: 난 정말로 널 나의 가장 친한 친구로 생각해.

  B: 정말이니? 있잖아, 넌 가끔 날 감동시켜!

해설_가장 친한 친구로 생각한다고 했으므로 자신을 감동시켰다는 뜻의 blow my mind가 적절하다. blow A's mind는 'A를 감동시키다' 라는 뜻의 관용구.

어휘_blow down 불어서 넘어뜨리다 blow hot and cold 변덕스럽다 blow one's nose 코를 풀다

정답_(c)

3.

해석_A: 발표회에 대해서 생각하면 가슴이 두근거려.

  B: 너 정말 그게 그렇게도 긴장되니?

해설_have[get] butterflies in one's stomach는 '(걱정이나 긴장으로) 가슴이 두근거리다' 라는 의미.

어휘_presentation 발표 worm 벌레 insect 곤충

정답_(c)

4.

해석_A: 만약 내가 지면 손에 장을 지진다!

  B: 그래 좋아!

해설_eat one's hat은 우리말의 '손에 장을 지지다' 와 비슷한 표현이다.

어휘_fling one's hands up 깜짝 놀라다

정답_(a)

5.

해석_국제사회는 이 나라에서 일어나는 널리 퍼진 인권 유린을 묵인할 수 없다.

해설_turn a blind eye towards 는 '~을 못 본 체하다, 묵인하

다' 라는 의미.

어휘_ **widespread** 널리 퍼진 **abuse** 학대, 혹사 **take place** 발생하다 **blink one's eyes** 눈을 깜빡이다

정답_ (d)

6.

해석_ **A:** Walter는 지난 주말에 아주 면목을 잃었어요.

B: 왜요? 그가 또 아내의 생일을 잊어버렸나요?

해설_ **be in the doghouse**는 '면목을 잃다' 라는 의미.

정답_ (d)

7.

해석_ **A:** Joe와 화해했니?

B: 응. 오랜 얘기 끝에 결국 나쁜 감정을 해소했어.

해설_ **clear the air**는 '나쁜 감정을 없애다, 오해를 풀다' 라는 의미.

어휘_ **make up with** ~와 화해하다

정답_ (a)

8.

해석_ **A:** Tom, 내가 너에게 말한 것은 기밀이었어. 비밀로 해 주었으면 해.

B: 어느 누구에게도 말하지 않을게. 약속해.

해설_ **keep ~ under one's hat** 하면 '~을 비밀로 간직하다' 라는 의미.

어휘_ **confidential** 기밀의 **You have my word.** 약속할게. **under A's nose** A의 코앞에서

정답_ (a)

9.

해석_ Tom은 새로 온 선생님이 정말로 원하지 않았던 작은 서비스를 해서 아첨을 하려고 애썼다.

해설_ **curry favor with**는 '~에게 아첨하다' 라는 의미.

어휘_ **put up with** ~을 견디다, 참다 **keep pace with** ~와 보조를 맞추다 **keep up with** ~에 뒤지지 않다

정답_ (b)

10.

해석_ 반드시 나에게 계속 소식을 알려 주세요. 그래야 내가 회의에서 어떤 정보를 발표해야 할지 알 수 있으니까요.

해설_ **keep A posted**는 'A에게 계속 소식을 알려 주다' 라는 의미.

어휘_ **be supposed to-V** ~하기로 되어 있다; ~할 의무가 있다 **keep the faith** 신념을 지키다 **keep one's shirt on** 침

착성을 유지하다 **keep the ball rolling** (이야기 등을) 계속 이끌어 나가다

정답_ (b)

11.

해석_ 만약 그 정책이 경제를 회생시키지 못한다면, 그는 자진해서 사임할 것이다.

해설_ **of one's own accord**는 '자발적으로, 저절로' 라는 의미.

어휘_ **revive** 소생하게 하다, 회복시키다 **resign** 사직하다 **in full accord** 만장일치로 **of one's own** 자기 소유의 **according to the regulation** 규정에 의해서

정답_ (c)

12.

해석_ 속단하기 전에 좀 더 조사해서 웃음거리가 되는 일은 피해라.

해설_ **jump to conclusions**는 '속단하다, 지레짐작하다' 라는 의미.

어휘_ **make a fool of oneself** 바보짓을 하다, 웃음거리가 되다 **inference** 추론, 추정 **confession** 고백, 자백

정답_ (a)

13.

해석_ 등반 가이드가 그를 붙잡아서 다시 바위 위로 끌어올렸을 때, 그 등반가는 절벽 아래로 떨어지기 직전이었다.

해설_ **on the verge of**는 '~하기 직전에' 라는 의미.

어휘_ **grab** 움켜쥐다 **purge** 제거하다, 일소하다 **urge** 촉구하다 **surge** 파도처럼 밀려오다

정답_ (c)

14.

해석_ 이 산들의 동굴 속에 있는 유적을 발견한 것은 알려지지 않은 문명의 역사를 새롭게 설명하는 데 도움이 된다.

해설_ **throw a light on**은 '~을 설명하다, ~의 설명에 도움이 되다' 라는 의미.

어휘_ **relics** 유물, 유적 **civilization** 문명

정답_ (b)

15.

해석_ 어느 날 예고도 없이 그녀는 갑자기 해고되었다.

해설_ '해고하다' 라는 뜻의 표현은 여러 가지가 있지만, 여기서는 **have a crack**이 사용되었다. 원래 이 표현은 '날벼락 맞았다' 정도의 뜻인데, 여기서는 상황에 맞춰서 '해고당하다' 의 의미로 해석할 수

있다.

어휘_ **without notice** 예고 없이

정답_ **(a)**

Chapter 3 숙어 (2)

1.

해석_ **A:** 이제는 네가 이 집안의 가장이야. 그게 무슨 의미인지는 알지?

　　 B: 네, 이제 우리 가족의 생계는 제가 꾸려 나가야 한다는 뜻이죠.

해설_ **bring home the bacon**은 '생계를 꾸려 나가다' 라는 뜻의 관용구.

정답_ **(b)**

2.

해석_ **A:** 본사가 보스턴으로 이전한다는 것을 누가 말해 줬어요?

　　 B: 관계자에게 직접 들었어요.

해설_ **I got it straight from the horse's mouth.** 하면 '관계자에게 직접 들었다' 라는 의미.

어휘_ **head office** 본사

정답_ **(b)**

3.

해석_ **A:** 내가 새로 시작하는 인터넷 쇼핑 사이트에 투자할래? 잠재성이 많아.

　　 B: 그러고 싶지만, 난 지금 심각한 적자에 시달리고 있어.

해설_ **be in the red**는 '빚을 지고 있다, 적자다' 라는 의미. 반대로 '흑자다' 는 **be in the black**이라고 한다.

어휘_ **invest** 투자하다　**potential** 잠재성, 가능성　**be in the blues** 기분이 울적하다　**be in the mood to-V** ~할 기분이 나다

정답_ **(a)**

4.

해석_ **A:** 모두가 최근에 **Jessica**를 피하고 있는 것 같아요. 왜죠?

　　 B: 그 여자가 항상 잘난 척을 하니까 그렇죠. 눈치 채지 못했어요?

해설_ 문맥상 '잘난 체하다, 으스대다' 라는 뜻의 **put on airs**가 들어가야 한다.

어휘_ **hold water** (설명 등이) 이치에 맞다　**carry the can** 책임을 지다　**see the light** 깨닫다

정답_ **(d)**

5.

해석_ 그 저예산 영화가 대성공을 거두리라고는 아무도 예상하지 못했다. 제작자가 부탁했을 때 우리가 투자했어야 했다.

해설_ **go great guns**는 '대성공을 거두다' 라는 뜻의 관용구.

어휘_ **low-budget film** 저예산 영화　**producer** 제작자

go to pot 타락하다, 파멸하다 **go to town** 흥청망청 놀다
go by the board 완전히 실패로 끝나다

정답_ (c)

6.

해석_ A: 엄마가 왜 저렇게 화가 나셨지?
B: 내가 시험에 떨어졌거든. 난 (엄마의) 기대에 부응하지 못했어.

해설_ cut the mustard는 '기대에 부응하다' 라는 의미.

어휘_ horsefeathers 허튼소리 **grapevine** 포도넝쿨, 소문

정답_ (a)

7.

해석_ A: 와인 좋아하십니까?
B: 와인에 조예가 깊지는 않지만 가끔 한 잔씩 즐깁니다.

해설_ well versed in은 '~에 조예가 깊은' 이라는 의미.

어휘_ way above 훨씬 위에, 먼 옛날에 **in synch with** ~와 의견
을 같이하는, ~와 협조 관계에 있는 **nosy about** ~에 대해 참견
하기 좋아하는

정답_ (a)

8.

해석_ A: 야, 수영하러 가자!
B: 미안하지만 못 가. 난 요즘에 몸이 계속 찌뿌듯했고, 지금은 정
말 피곤해.

해설_ 문맥상 out of sorts(몸이 찌뿌듯한)가 적절하다.

어휘_ in the pink 심신이 아주 건강한 **famished** 배가 몹시 고픈
swamped with ~이 밀어닥쳐 정신 못 차리는

정답_ (c)

9.

해석_ A: 어떻게 그렇게 빨리 일을 끝낼 수 있었죠?
B: 일단 요령을 알면 쉬워요.

해설_ know the ropes는 '요령을 알다' 라는 뜻의 관용구.

정답_ (b)

10.

해석_ A: 내가 당신보다 더 많은 돈을 받아야 한다고 생각해요.
B: 내 몫을 가로채려고 하지 마세요.

해설_ do A out of B는 'A에게서 B를 가로채다' 라는 의미.

어휘_ share 몫, 할당몫

정답_ (d)

11.

해석_ A: 그날 밤 정말로 무슨 일이 있었는지 말해 줄까?
B: 말해 봐. 듣고 있어.

해설_ 문맥상 '열심히 귀 기울이고 있다' 라는 뜻의 **be all ears**가 적
절하다.

어휘_ be freaked out 흥분되다 **I got an earful.** 귀에 못이 박
히도록 들었다.

정답_ (b)

12.

해석_ A: 누구 또 신혼부부에게 할 말 있어요?
B: 네, 축배를 들자구요.

해설_ 신혼부부에게 축하하는 말로 적절한 것은 **make a toast**(축배
를 들다)이다.

어휘_ make a fire 불을 피우다 **make verses** 시를 짓다

정답_ (d)

13.

해석_ A: 너는 그들에 대해 걱정할 필요 없어. 그건 그들의 선택이야.
B: 하지만 난 누구도 곤경에 빠지게 하고 싶지 않아.

해설_ high and dry는 배가 뭍에 올려져 있는 상태에서 유래한 말로,
'고립되어, 곤경에 빠져' 라는 뜻이다.

어휘_ high and low 모든 계급의, 상하 귀천을 막론하고

정답_ (c)

14.

해석_ A: 넌 아주 잘 하고 있어. 넌 그를 이길 수 있어.
B: 사실, 난 포기하려고 했었어. 그런데 종 때문에 살아난 거야.

해설_ saved by the bell은 권투선수가 종이 울려서 KO를 면했다
는 뜻이며, 여기서 의미가 확장되어 '운 좋게 곤란을 면한' 상황에
도 쓰일 수 있다.

어휘_ opponent 적 **belligerent** 전투원

정답_ (b)

15.

해석_ 비록 그가 날 배신했지만, 단언컨대 언젠가는 내가 그에게 복수할
거야.

해설_ 문맥상 '~에게 보복하다, 복수하다' 라는 뜻의 **get even with**
가 알맞다.

어휘_ betray 배반하다, 배신하다 **get along well** 마음이 맞다
get at ~을 이해하다 **get about** 이리저리 돌아다니다

정답_ (c)

Chapter 4 혼동되는 단어

1.

해석_ 이 서버에서는 당신이 요구한 서류에 접근할 권한이 있음을 인증할 수 없었습니다. 잘못된 자격 증명이나 비밀번호를 주셨습니다.

해설_ 여기서 **verify**는 '(인터넷이나 컴퓨터 상에서) 인증하다' 의 의미로 쓰였다.

어휘_ **authorize** 권한을 부여하다 **credential** 자격 증명 **clarify** 뚜렷하게 하다 **find out** 찾아내다

정답_(b)

2.

해석_ 국제원자력기구는 세계 여러 나라들 사이에 평화적 목적을 위한 핵무기 협력 체제를 확장시키는 데 있어 중추적 역할을 한다.

해설_ 문맥상 **pivotal**(중추적인)이 들어가야 한다. **pivotal role** 하면 '중추적 역할' 이란 의미.

어휘_ **pirated** 약탈된, 침해된 **piloted** 안내 받은 **plotted** 계획된

정답_(a)

3.

해석_ 우리는 쾌락주의 시대에 살고 있다. 모두가 쾌락을 극대화하는 것이 인생의 목적이라고 생각한다.

해설_ 쾌락의 극대화가 인생의 목적이라고 했기 때문에 **hedonistic**(쾌락주의의)이 들어가야 한다.

어휘_ **maximize** 극대화하다 **corrupt** 부패한 **propitious** 자비로운 **sporadic** 우발적인

정답_(d)

4.

해석_ 사업가는 자신의 시야를 넓혀야 한다. 편협한 태도는 이 세계적인 커뮤니케이션의 시대에 아무런 도움이 되지 않을 것이다.

해설_ 사업가는 넓은 시야를 가져야 한다고 했으므로, 이와 반대되는 태도를 가진 사람은 성공할 수 없다고 해야 문맥이 자연스럽다. 따라서 **parochial**(지방적인, 편협한)이 들어가야 한다.

어휘_ **horizens** 시야 **moderate** 절제 있는, 적절한 **petrified** 마비된 **diversified** 다각적인

정답_(c)

5.

해석_ 디킨즈의 유명한 소설에 등장하는 스크루지는 인간을 싫어하는 사람이었다. 그는 모든 인간을 몹시 싫어했다.

해설_ 문맥상 '인간을 싫어하는 사람' 이란 뜻의 **misanthrope**가 알맞다.

어휘_ **hypochondriac** 자기 건강에 지나치게 신경 쓰는 사람 **philanthropist** 박애주의자 **hedonist** 쾌락주의자

정답_(d)

6.

해석_ A: 횡단보도가 너무 멀다. 우리 그냥 여기서 건널까?

B: 안 돼! 무단횡단으로 벌금을 심하게 물 수도 있어.

해설_ 문맥상 '무단횡단하다' 라는 뜻의 **jaywalk**가 적절하다.

어휘_ **pedestrian crossing** 횡단보도 **trespass** (남의 땅에) 침입하다 **solicit** 간청하다 **speed** 속도를 위반하다

정답_(d)

7.

해석_ 그 연사는 이야기를 하다 어느 순간 본론에서 벗어나 유년시절의 한 사건에 대해 말했지만, 그 다음에 바로 다시 주제로 돌아왔다.

해설_ 이야기가 주제에서 벗어나 옆길로 새는 것을 **digress**(본론에서 빗나가다) 라고 한다.

어휘_ **incident** (부수적) 사건 **resume** 재개하다 **adjourn** (회의 등을) 연기하다 **rebuke** 질책하다

정답_(b)

8.

해석_ 위대한 프랑스에 대한 시라크 대통령의 스타일과 감각이 그의 정치적 우상인 샤를 드골을 연상시키기는 하지만, 그의 외교 정책의 본질은 드골파의 전통과 종종 일치되지 않는다.

해설_ **be at odds with**는 '~와 조화롭지 못하다' 라는 뜻의 관용구. **be in line with**와 **be in accord with**는 '~와 일치하다, 조화되어 있다' 라는 의미.

어휘_ **grandeur** 웅장함, 장대함 **reminiscent of** ~을 연상시키는 **substance** 본질, 실질

정답_(a)

9.

해석_ 그 판사는 경찰이 피고인으로 하여금 그 범죄에 대해 거짓자백을 하도록 강요했다고 판결했다.

해설_ 문맥상 '강요하다' 라는 뜻의 **coerce**가 들어가야 한다. **coerce A into**는 'A에게 ~을 억지로 강요하다' 라는 의미.

어휘_ **rule** 판결하다 **defendant** 피고인 **make a confession** 자백하다 **sentence** (형을) 선고하다 **indict** 기소하다 **compress** 압축하다

정답_(c)

10.

해석_ 여러분은 가장 중요한 일을 먼저 처리하는 법을 배워야 한다. 즉, 우선순위를 잘 정하는 법을 배워야 한다.

해설_ **That is**(즉) 다음에 나오는 내용은 앞 내용과 같은 말이다. 따라서 **the most important things first**(가장 중요한 일 먼저)에서 힌트를 얻어 **priority**(우선하는 일)가 들어가야 한다는 것을 알 수 있다.

어휘_ **deal with** ~을 처리하다 **suggestion** 제안 **emotion** 감정, 정서

정답_ (a)

11.

해석_ 그 신문이 마침내 최초의 비방문을 취소한다고 공표한 후, 그녀는 자신의 이름이 삭제된 것에 만족하여 명예훼손 소송을 취하했다.

해설_ 문맥상 신문사가 비방문을 취소(**retraction**)한 후에 그녀가 소송을 취하했다고 해야 말이 된다. **retraction**은 '취소, 철회'라는 의미.

어휘_ **clear** 지우다 **libel** 중상, 비방 **suit** 소송 **defamatory** 비방하는 **reaffirmation** 재확인

정답_ (d)

12.

해석_ 그의 이론들은 너무 불명료해서 그가 무엇을 설파하려 하는지 아는 사람이 거의 없었다.

해설_ 그가 하려는 말을 이해하는 사람이 거의 없다고 한 것으로 보아 '흐릿한, 불명료한'의 뜻을 가진 **nebulous**가 알맞다.

어휘_ **logical** 논리적인 **obvious** 분명한, 명백한 **theoretical** 이론상의

정답_ (b)

13.

해석_ 언어에 대한 지식은 상호작용과 상호교류에서 비롯된다. 따라서 후천적으로 습득되는 지식의 자질들이 불변할 것이라고 생각할 이유가 없다.

해설_ 문맥상 **interplay and interaction**(상호작용)과 상반되는 단어가 들어가야 하므로 **invariant**(불변의)가 정답이 된다.

어휘_ **interplay** 상호작용 **interaction** 상호작용 **minimal** 최소의, 극소의 **pointless** 무의미한 **imaginative** 상상의

정답_ (a)

14.

해석_ **Barbara Walters**는 유명인들에게 다른 기자들이 피했던 예리한 질문들을 함으로써 언론인으로 두각을 나타냈다.

해설_ '언론인으로 유명해졌다'는 것은 **pointed questions**와 어울린다. **pointed**는 '뾰족한, (말 등이) 예리한'이라는 의미.

어휘_ **distinguish oneself** 두각을 나타내다 **shy away from** ~에서 꽁무니 빼다 **vague** 막연한, 모호한

정답_ (b)

15.

해석_ 우리를 공통의 활동으로 묶어 주는 유대관계는 너무나 빈약해서 어느 순간에라도 사라질 수 있다.

해설_ 언제라도 사라질 수 있는 유대관계이므로 **tenuous**(빈약한, 얇은, 희박한)가 들어가야 한다.

어휘_ **bind together** ~을 묶다, 단결시키다 **tentative** 시험적인, 임시의 **restrictive** 제한하는 **consistent** 일관된, 언행이 일치된

정답_ (c)

Chapter 5 2어 동사

1.

해석_A: 당신은 어째서 호텔에서 살고 있어요?

B: 난 사업가라서 여기저기 많이 돌아다녀요. 그래서 지금 당장은 오랫동안 살 집이 필요 없어요.

해설_사업가라 한곳에 오래 거주할 필요가 없다고 한 것으로 보아 '여기저기 돌아다니다' 라는 뜻의 **get about**이 들어가야 한다.

어휘_**get at** ~에 도달하다; ~을 이해하다 **get through** ~을 통과하다; 연락이 닿다 **get away** 도망가다

정답_(b)

2.

해석_A: 정년 후에는 돈이 충분하지 않을까봐 걱정이오.

B: 걱정 마세요. 우린 분명 그럭저럭 잘 살아나갈 거예요.

해설_문맥상 '그럭저럭 살아가다' 라는 뜻의 **get by**가 알맞다.

어휘_**lag behind** 뒤처지다 **take after** ~을 닮다 **move on** 계속 진행되다

정답_(a)

3.

해석_A: 이런! 옷에 와인을 흘렸네!

B: 걱정하지 마. 그냥 블라우스를 하룻밤 물속에 담가 두면 얼룩이 빠져나올 거야.

해설_얼룩이 '빠져나오다' 라고 할 때는 **come out**을 쓰고, '얼룩을 빼다' 라고 할 때는 **get out a stain** 또는 **take out a stain**이라고 한다.

어휘_**spill** 엎지르다 **soak** 젖다, 잠기다 **stain** 얼룩 **leave out** ~을 제외하다 **take out** ~을 꺼내다

정답_(b)

4.

해석_위스키 반병을 마시고 나자 그는 고용주에게 용감하게 맞설 수 있다는 기분이 들었다.

해설_**stand up to**는 '~에 용감히 대항하다; ~에 견디다' 라는 뜻의 관용구.

어휘_**stand away from** ~로부터 멀리 떨어져 있다 **stand for** ~을 상징하다; ~을 대표하다

정답_(a)

5.

해석_일련의 중대한 손실에도 불구하고, 그는 캘리포니아에서 마지막 재기를 위해 준비를 갖추고 있다.

해설_문맥상 마지막 재기를 위해 '준비를 갖추다' 라는 뜻이 되는 **gear up**이 자연스럽다.

어휘_**a string of** 일련의 **loss** 손실, 손해 **give up** 포기하다 **type up** 타이프하여 정서하다 **wipe up** 닦아내다

정답_(c)

6.

해석_A: 회의를 어느 날로 잡을까요?

B: 이번 주 금요일 아침에 모이는 게 좋겠네요.

해설_**set up a meeting**은 '회의를 열다' 라는 의미.

어휘_**take up** 집어 들다, 착수하다 **lift up** 들어 올리다

정답_(b)

7.

해석_A: 어이, 좀 쉬었다 하자.

B: 방해하지 마. 난 3시까지 빨리 끝내야 해.

해설_문맥상 '일을 빨리 끝내다' 라는 뜻의 **dash off**가 들어가는 게 자연스럽다.

어휘_**ease off** (긴장 등을) 완화하다 **bump off** ~을 죽이다 **head off** ~을 가로막다, ~을 피하여 방향을 돌리다

정답_(a)

8.

해석_A: 네가 먼저 나한테 그 돈을 줬어. 그건 내 선택이 아니었어.

B: 네가 달라고 통사정했잖아!

해설_문맥상 '~을 구걸하다, 청하다' 라는 뜻의 **beg for**가 들어가야 한다.

어휘_**look for** ~을 찾다 **bother** 괴롭히다, 귀찮게 하다

정답_(d)

9.

해석_A: Lala 부인께서 사망했다는 소식을 들었어요.

B: 사실 그분은 아직 살아 있어요. 하지만 살 날이 얼마 남지는 않았죠.

해설_**pass away**는 '죽다' 라는 뜻의 관용구.

어휘_**go away** 가 버리다, 떠나다

정답_(b)

10.

해석_A: 사내 컴퓨터 네트워크를 피해가는 방법을 아세요?

B: 그건 불가능해요.

해설_문맥상 '(장애물 등을) 피하다' 라는 뜻의 **get around**가 알맞다.

어휘_ **get fired** 해고되다 **get tired** 피곤해지다 **get used to**
~에 익숙해지다

정답_ (c)

11.

해석_ A: 놀 시간이야. 게임 시작하자.

　　 B: 좋아! 빨리 흩어져!

해설_ 게임을 할 때 '사방으로 흩어지다' 는 **fan out**이라고 한다.

어휘_ **go out** 나가다 **spread out** 퍼지다, 전개되다 **sprinkle**
(물을) 뿌리다

정답_ (b)

12.

해석_ A: 걔네들은 항상 떼거지로 날 괴롭혀.

　　 B: 그들이 널 때리기도 하니?

해설_ **gang up on**은 '~를 집단으로 공격하다' 라는 의미.

어휘_ **gather up** ~을 주워 모으다 **goof around** 빈둥거리다
lug around 들고 다니다

정답_ (d)

13.

해석_ A: 넌 시작부터 아내를 실망시킬 작정이야?

　　 B: 아냐, 난 정말로 그녀를 만족시켜 주고 싶어.

해설_ 문맥상 **make her satisfied**(그녀를 만족시키다)와 반대의 의
미를 지닌 **let her down**(그녀를 실망시키다)이 들어가는 게 자
연스럽다. **let A down**은 'A를 실망시키다' 라는 의미.

어휘_ **lay down** ~을 내려놓다 **throw down** ~을 내던지다, 넘어
뜨리다

정답_ (c)

14.

해석_ A: 왜 이렇게 일찍 집에 왔어?

　　 B: 사장님이 일을 쉬게 해 주셨어.

해설_ **let off**는 '면제하다, 풀어 주다' 라는 의미.

정답_ (d)

15.

해석_ 고고학자들은 피라미드의 내실에서 발견한 서류들을 철저히 조사
했다.

해설_ **scan through**는 '~을 철저히 조사하다' 라는 의미.

어휘_ **select** 선택하다 **ban** 금지하다

정답_ (b)

Chapter 6 표현

1.

해석_ A: 상황을 봐. 넌 커닝을 했어.

　　 B: 아니에요. 전 그저 지우개를 주우려고 했을 뿐이에요.

해설_ A는 '상황으로 보아' B가 커닝을 했다고 의심하고 있으므로
face가 들어가야 한다. **face it**은 '현실을 직시하다' 라는 의미.

어휘_ **cheat** 커닝하다 **eraser** 지우개 **make it** 성공하다

정답_ (a)

2.

해석_ A: 적당한 때가 지났어.

　　 B: 때는 중요하지 않아. 또 다른 기회가 다시 올 거야.

해설_ '때는 중요하지 않다' 는 B의 답변으로 볼 때 A는 **The moment
is over.** (적당한 때가 지났어.)라고 했을 것이다. 여기서
moment는 '(특정한) 때, 시기' 라는 의미.

정답_ (d)

3.

해석_ A: 그냥 태연하게 행동하게.

　　 B: 그럴 수 없어. 난 자격증이 없는 걸.

해설_ 특정 집단에 속한 것처럼 자연스럽게 행동하라고 할 때는 **Act
like you belong.**이라고 한다. (b)의 **act like other
people**은 그냥 '다른 사람들과 똑같이 행동하라' 는 뜻이다.

어휘_ **certification** 자격증

정답_ (d)

4.

해석_ A: 오늘밤 동창회에 **Jane**이 오니?

　　 B: 몰라. 어제부터 걔랑 얘기 못 했어.

해설_ 문맥상 '모르겠다' 라고 해야 자연스러우므로 **Beats**가 들어가야
한다. **Beats me.**는 '전혀 모르겠다.' 라는 의미.

어휘_ **reunion** 동창회

정답_ (b)

5.

해석_ A: 금요일에 너랑 쇼핑하고 저녁 먹고 싶어.

　　 B: 좋은 생각이야.

해설_ '좋은 생각이야.' 라고 할 때는 **Sounds like a plan.** 또는
Sounds like a good idea.라고 한다.

어휘_ **charm** 매력

정답_ (a)

6.

해석_A: 그거 누구 스웨터야?

　　B: 몰라. 전에 한 번도 본 적 없는데.

해설_ You got me there.는 '나도 모르겠다.' 또는 '네 말대로다.' 라는 의미.

정답_ (b)

7.

해석_A: 정오에 공항에 와 있어야 돼. 알았어?

　　B: 응, 알았어. 시간 맞춰 갈게.

해설_ You got it?은 '알았어?' 라는 말이다. '알았다' 고 대답할 때는 **I got it.** 하면 된다.

어휘_ on time 정각에

정답_ (d)

8.

해석_A: 에취!

　　B: 신의 가호가 있기를! 몸조심하세요.

해설_ Bless you!는 '신의 가호가 있기를!' 이라는 뜻이지만, 상대방이 재채기를 했을 때 습관적으로 쓰는 말이기도 하다.

정답_ (c)

9.

해석_A: 사탕 주세요!

　　B: 여기, 달콤한 사탕이요!

해설_ Trick or treat!(사탕 안 주면 장난칠 거야!)은 할로윈 저녁 때 아이들이 분장을 하고 집집마다 돌아다니며 사탕을 달라고 할 때 쓰는 말이다.

정답_ (c)

10.

해석_A: 아이! 보고서에 커피를 쏟았어. 재수가 없는 날이야.

　　B: 괜찮아. 내가 도와줄게.

해설_ It's not my day. 하면 '오늘은 재수가 없는 날' 이라는 뜻이다.

어휘_ spill 엎지르다 **Take it easy.** 괜찮아. / 편하게 생각해. / 서두르지 마.

정답_ (a)

11.

해석_A: 내가 당신과 결혼한다면 커다란 다이아몬드 반지 사 줄 거예요?

　　B: 뭐든지 말만 해요. 당신이 좋아하는 거라면 뭐든 사 줄게요.

해설_ You name it. 하면 '뭐든지 말만 해.' 라는 의미.

정답_ (b)

12.

해석_A: 어젯밤에 네가 한 말을 이해 못하겠어.

　　B: 좋아. 내가 다시 명확하게 설명해 줄게.

해설_ 문맥상 상대방이 이해하지 못한 것을 다시 설명해 주겠다고 해야 자연스러우므로 **explain**이 들어가야 한다.

정답_ (d)

13.

해석_A: 내가 어제 한 말 미안해.

　　B: 그렇게 걱정하지 마. 진심이 아니었다는 거 알아.

해설_ mean it은 '진심이다' 라는 의미.

어휘_ follow 따라가다, 이해하다

정답_ (c)

14.

해석_A: 정말 감사드립니다.

　　B: 천만에요.

해설_ profound gratitude는 '심심한 감사' 라는 뜻의 관용적 표현이다. **deep**은 물이 깊다거나 땅속으로 깊이 들어가는 것과 같이 물리적으로 '깊은' 이라는 뜻이다.

어휘_ outstanding 두드러진 **subtle** 미묘한

정답_ (b)

15.

해석_A: 너 주려고 아이스크림을 샀는데, 오는 도중에 녹아 버렸어.

　　B: 생각만으로도 고마워.

해설_ It's the thought that counts.는 '생각만으로도 고맙다.' 라는 뜻의 관용적 표현.

어휘_ melt 녹다 **address** 연설하다, 말을 걸다

정답_ (b)

Chapter 7 내용 혼동어

1.

해석_ A: 부장님이 마감 기한을 맞추라고 당신을 재촉했다죠.

B: 그건 불가능해요. 그래서 그런데, 그분이 기한 연장을 허락할까요?

해설_ deadline(마감 기한)에 대해 이야기하고 있는 것으로 보아 '(기한의) 연장'이라는 뜻의 **extension**이 적절하다. **expansion**은 '(크기나 양 등의) 확장'이라는 의미.

어휘_ urge A to-V A가 ~하도록 재촉하다 **extenuation** 정상참작 **explanation** 설명

정답_ (d)

2.

해석_ 군사법정의 한 배심원은 한 병사에게, 비록 그의 관련성에 의구심을 던지는 증언에도 불구하고, 14세의 이라크 소녀를 살해한 사건에서 강간죄와 살인죄를 선고했다.

해설_ 사람이 사건에 연루되는 관련성은 **involvement**라고 한다.

어휘_ find A guilty A를 유죄라고 평결하다 **rape** 강간 **murder** 살인 **slay** 살해하다 **despite** ~에도 불구하고 **testimony** 증언

정답_ (b)

3.

해석_ 이탈리아의 국립통계국은 단기 계약직 노동자가 4백만이나 있다고 추산하는데, 이는 대략 노동자 6명 중 1명 꼴이다.

해설_ 통계 등을 통해서 수량을 추산하는 것은 **estimate**라고 한다. **presume**은 증거 없이 확신을 가지고 추측한다는 뜻이고, **assume**은 증거는 없지만 일단 사실로서 가정한다는 뜻이다.

어휘_ short-term contract 단기 계약 **frame** 틀을 잡다

정답_ (c)

4.

해석_ 그 모임은 실패한 것으로 드러났고, 모든 사람들은 모임의 결과에 불만스러워 했다.

해설_ 실패한 모임이었다는 문맥에 알맞은 단어는 **fiasco**(대실패)이다. **mistake**는 단순한 '실수'이고, **breakdown**은 '(기계 등의) 고장' 또는 '(교섭 등의) 결렬'을 뜻한다.

어휘_ turn out to be~ ~임이 드러나다 **be dissatisfied with** ~에 불만이다 **blackout** 정전

정답_ (b)

5.

해석_ 예상한 대로, 그 반지는 진짜 다이아몬드로 만들어졌기 때문에 결혼에서 비용이 가장 많이 드는 부분이었다.

해설_ 진품이라는 의미에서 진짜라고 할 때는 **genuine**을 쓴다. **authentic**은 공식적으로 인정받았다는 의미에서 진짜라는 뜻이고, **original**은 원산지 그대로라는 의미에서 진짜라는 뜻이다.

어휘_ unqualified 무자격의

정답_ (a)

6.

해석_ A: 암호를 몰라서 파일을 열 수가 없어.

B: 내가 암호를 풀 수 있는지 보자.

해설_ crack이 타동사로 쓰이면 '금이 가게 하다, 지끈 깨다'라는 뜻인데, 여기서 의미가 확장되어 암호나 어려운 문제 등을 '풀다'라는 뜻으로도 쓰인다.

어휘_ gather 모으다 **allocate** (임무를) 할당하다; (이익을) 배분하다

정답_ (a)

7.

해석_ A: 왜 개 행동을 바로잡아 주지 않니?

B: 너무 오래 지속됐거든.

해설_ 부적절한 행동이나 그릇된 습관을 고친다고 할 때는 **correct**를 쓴다. **fix**는 고장 난 물건이나 도구 등을 고친다고 할 때 쓴다.

어휘_ for way too long 너무 오래 **fit** 적합하다, 꼭 맞다

정답_ (b)

8.

해석_ A: 어제 날짜로 **Annie**가 해고되었다는 소식 들었어요?

B: 네. 하지만 그건 빙산의 일각일 뿐이에요. 그녀는 오늘 아침 큰 일에 휘말렸어요.

해설_ the tip of the iceberg는 '빙산의 일각'을 뜻하는 관용구다. **tip**은 '끝, 첨단'이라는 의미.

어휘_ lay off 해고하다 **as of yesterday** 어제 날짜로 **fragment** 파편 **segment** 구획, 단편, 조각

정답_ (b)

9.

해석_ A: 데이트를 위해서 그날은 택시를 빌릴까 생각 중이야.

B: 돈이 많이 들걸. 대신 차를 렌트하는 건 어때?

해설_ 일이나 사물이 주어가 되어 '비용이 얼마 든다'고 할 때는 **cost**를 쓴다. **pay**는 사람이 주어가 되어 돈을 '지불한다'는 의미.

어휘_ hire (사용료를 내고) 빌리다, 고용하다 **fare** (버스 등의) 요금

spend (돈을) 쓰다; (시간을) 보내다

정답_ (d)

10.

해석_ A: 토론토에서 몬트리올까지 기차표가 얼마죠?

　　 B: 80달러입니다.

해설_ 교통수단에 대한 요금은 **fare**이다. **tuition**은 '수업료', **fee**는 '수수료', **rate**는 '숙박료' 등에 쓰인다.

정답_ (c)

11.

해석_ A: 피라미드는 태곳적부터 이집트에 있었어요.

　　 B: 알아요. 그것들은 아주 굉장하죠.

해설_ **since time immemorial**은 '오래 전부터, 태곳적부터' 라는 뜻의 관용구.

정답_ (a)

12.

해석_ 한 무리의 소년들이 벌집에 돌을 던지는 건 재미있을 거라고 생각했다. 하지만 벌떼들이 공격하기 시작하자 그들은 도망쳐 버렸다.

해설_ 벌떼나 개미떼와 같이 우글우글 들끓는 무리는 **swarm**이라고 한다. **group**은 '무리, 집단' 을 뜻하는 가장 일반적인 말로, 동시에 한 장소에 모여 있는 사람들의 무리를 가리키거나 공동의 목적을 가진 사람들의 집단을 뜻한다.

어휘_ **beehive** 벌집 **collection** 수집, 수집물

정답_ (b)

13.

해석_ 인간의 폐는 자동적으로 이산화탄소를 밖으로 배출한다.

해설_ 문맥상 이산화탄소를 '배출한다' 는 의미이므로 **send out**(밖으로 내보내다)이 되어야 한다.

어휘_ **lung** 폐 **automatically** 자동적으로 **vomit** 토하다 **take in** 섭취하다

정답_ (c)

14.

해석_ 그 판매 운동의 성공여부는 적어도 일 년 동안은 알지 못할 것이다. 그러나 현재 위험성이 높다는 것은 분명하다.

해설_ 상품판매와 같은 운동에는 **campaign**을 쓴다. **move**는 물리적인 움직임이고, **exercise**는 체조와 같은 운동이고, **motion**은 제스처와 같은 행동을 뜻한다.

어휘_ **stakes are high** 위험성이 높다

정답_ (b)

15.

해석_ 슈퍼볼에서 승리함으로써 **Joe Montana**는 고금을 막론하고 가장 뛰어난 쿼터백으로서 **Joe Namath**를 능가할 수 있었다.

해설_ 상대방의 자질이나 능력을 '능가한다' 고 할 때는 **surpass**를 쓴다. **defeat**는 전쟁이나 게임 등에서 적을 무찌른다는 말로 쓰고, **destroy**는 해를 입혀 파괴한다는 뜻이다. **win**은 대회나 경기 등에서 이기거나 상을 받는다는 말로 쓴다.

어휘_ **of all time** 고금을 막론하고, 전무후무한

정답_ (d)

Chapter 8 형태 혼동어

1.

해석_A: 잔소리가 걔네들에게 숙제를 시키는 최고의 방법이야.

　　B: 나도 그렇게 생각해.

해설_ 숙제를 시키는 데 효과적인 방법으로 적절한 것은 **nagging**(잔소리하기)이다.

어휘_nap 잠깐 자다 **nod** (고개를) 끄덕이다

정답_(c)

2.

해석_A: 가랑이에 잉크 얼룩이 묻었어.

　　B: 어디? 난 안 보이는데.

해설_ 잉크 얼룩이 묻을 곳은 **crotch**(바지 가랑이)밖에 없다.

어휘_stain 얼룩 **crunch** 오도독 깨물다 **crane** 크레인, 두루미

정답_(c)

3.

해석_A: 그는 돈을 안 내려고 자기 돈을 숨겼어.

　　B: 너무 치사해!

해설_ 문맥상 '치사한' 이라는 뜻의 **sneaky**가 적절하다.

어휘_skinny 깡마른 **sneer** 비웃음 **sneeze** 재채기

정답_(b)

4.

해석_ 이 환경 단체의 주요 목적 중 하나는 집집마다 위생과 청결에 대한 인식을 심어 주는 것이다.

해설_ 문맥상 **objectives**를 자연스럽게 수식하는 단어는 **principal** (주요한)이다. **principle**(원리, 원칙)과 헷갈리지 않도록 주의하자.

어휘_awareness 인식, 자각 **hygiene** 위생 **princely** 왕자의, 왕자다운 **priceless** 아주 귀한, 값을 매길 수 없는

정답_(c)

5.

해석_ 여름에 오는 관광객들은 이 나라의 뜨겁고 습한 날씨와 싸워야 한다.

해설_ 문맥상 좋지 않은 날씨와 씨름한다는 뜻이므로 **contend**(싸우다)가 적절하다.

어휘_consist of ~으로 이루어져 있다 **content** 내용 **contain** 포함하다

정답_(d)

6.

해석_A: 지도책이 필요해.

　　B: 왜? 세계에 대한 리포트라도 써야 하니?

해설_a report about the world에서 **atlas**(지도책)가 적절한 답임을 알 수 있다.

어휘_atlantic 대서양의 **atman** 호흡

정답_(a)

7.

해석_ 정부는 그 제안을 승인하기 전에 그 결사에 관한 법령을 철저하게 검토할 것이다.

해설_ 문맥상 알맞은 단어는 **statute**(법령, 법규)밖에 없지만, 선택지들의 철자가 서로 비슷하여 주의해야 한다.

어휘_grant 승인하다 **statue** 조각상 **status** 지위, 신분 **state** 상태, 형편

정답_(a)

8.

해석_ 그는 일 년 전에 담배를 끊었지만, 현재는 아내의 예기치 못한 사망 후에 다시 피우게 됐다.

해설_ 문맥상 담배를 끊었다가 다시 시작했다는 내용이므로 **revert**가 들어가야 한다. **revert to**는 '(예전의 상태로) 되돌아가다' 라는 의미.

어휘_rebate (지불 금액의 일부를) 환불하다 **revolt** 반란을 일으키다

정답_(c)

9.

해석_ 수감자들에게 배급되는 음식은 보건영양부에 의해 제정된 규칙과 규정에 일치하지 않는다.

해설_to와 함께 쓰이며 문맥에 알맞은 단어는 **conform**이다. **conform to** 하면 '(법률 등에) 합치하다, 따르다' 라는 의미.

어휘_confirm 확인하다 **concern** ~에 관계하다, 걱정시키다

정답_(c)

10.

해석_ 예상치 못했던 회사의 판매 증가가 그의 사기를 북돋았다.

해설_ 판매 증가로 사기가 진작됐다는 내용이 되는 **boost**(밀어 올리다, 북돋다)가 적절하다.

어휘_morale 사기 **boast** 자랑하다 **blast** 망치다, 폭파하다 **bust** 부수다, 못쓰게 하다

정답_(b)

11.

해석_ 그 엄마는 자신의 어린 딸이 숲속에서 살아 있는 것이 발견되자 아이를 껴안았다.

해설_ '포옹하다' 라는 뜻의 **embrace**가 들어가야 문맥이 자연스럽다.

어휘_ **embarrass** 당황하게 하다 **emboss** 부조 세공을 하다 **embed** (물건을) 깊숙이 박다

정답_ (a)

12.

해석_ 좋지 않은 날씨에도 불구하고 등반가들은 끊임없이 노력해서 산 정상에 도달했다.

해설_ **persevere in one's efforts** 하면 '끊임없이 노력하다' 라는 의미.

어휘_ **preserve** 보존하다 **pursue** 추구하다 **persecute** 박해하다

정답_ (d)

13.

해석_ 그들은 **HIV**와 **AIDS** 감염자들에게 상담 서비스를 제공하는 재활센터를 운영한다.

해설_ 질병에 '감염된' 이라는 의미에 적절한 단어는 '~에 영향을 미치다' 라는 뜻의 **affect**이다. **effect**는 주로 '결과, 효과' 라는 뜻의 명사로 쓰이며, **have an effect on** 하면 '~에 영향을 미치다' 라는 의미.

어휘_ **rehabilitation center** 재활센터 **affiliate** 가입시키다

정답_ (c)

14.

해석_ 결국 그녀의 유명한 그림들은 국립미술박물관에 전시되었다.

해설_ 문맥상 그림이 박물관에 전시되었다는 내용이므로 **exhibit**(전시하다)가 적절하다.

어휘_ **inhibit** 억제하다, 금하다 **prohibit** 방해하다, 금지하다 **encase** (상자 등에) 넣다

정답_ (a)

15.

해석_ 수학은 모든 학생들이 통계학을 듣기 전에 이수해야 하는 필수 과목이었다.

해설_ 모든 학생들이 등록해야 하기 때문에 **prerequisite**(필수과목)가 들어가야 한다. **elective**는 '선택과목' 이다.

어휘_ **perquisite** 부수입 **prerogative** 우선권

정답_ (d)

Chapter 9 다의어

1.

해석_ A: 너는 그게 특별하다고 생각해?

　　 B: 아니, 평범한 일이지.

해설_ B가 **No**라고 대답했으므로 **special**(특별한)과 반대되는 뜻이 들어가야 한다. 따라서 '평범한' 이란 뜻의 **mundane**이 정답. **mundane**은 원래 '이승의, 세속적인' 이란 뜻이지만, 여기서는 '평범한' 의 의미로 쓰였다.

어휘_ **muni** 시가 발행하는 채권 **mandatory** 명령의, 위임의 **mandator** 위임자, 명령자

정답_ (b)

2.

해석_ A: 커피에 크림과 설탕을 넣을까요?

　　 B: 크림만 넣어서 마실래요.

해설_ 음료를 '마시다' 라는 뜻을 가진 단어는 **take**이다. **gulp**는 '꿀꺽꿀꺽 마시다' 라는 뜻이므로 이 대화 상황에는 적절하지 않다.

정답_ (a)

3.

해석_ A: 정부가 건물 내부에서의 흡연을 금지할 거라고 들었어요.

　　 B: 아마도. 하지만 기대하진 않아요.

해설_ **I wouldn't bet on** 하면 '~을 기대하지 않다' 라는 의미.

어휘_ **prohibit** 금지하다 **ally** 동맹하다 **assemble** (사람을) 모으다; (기계를) 조립하다

정답_ (a)

4.

해석_ 어떤 사람이 "〈사운드 오브 뮤직〉과 같은 여자는 다시 노래를 부를까?" 라는 질문을 던질 때마다 상투적인 대답은 절대적으로 "**Yes**"이다.

해설_ **stock**에 '상투적인' 이란 의미가 있다는 것을 알아두자.

어휘_ **synonymous with** ~와 같은 **stalk** 가만히 뒤를 밟다 **starch** 녹말; 거북스러운, 딱딱한

정답_ (b)

5.

해석_ 아시아에서 휴대폰 가입자의 수는 현재의 1000만 명에서 2010년까지는 7200만명으로 늘어날 것으로 예상된다.

해설_ '계약자, 가입자' 의 의미로는 **subscriber**를 쓴다.

어휘_ **figure** 수치 **respondent** 응답자 **correspondent** 통신

인, 특파원 **adherent** 자기편, 지지자

정답_(d)

6.

해석_A: 있잖아, 난 가서 사진을 현상해 올 테니까 넌 집에 가 있어.

B: 그 사진들 정말로 보고 싶어.

해설_B가 사진이 보고 싶다고 했으므로 '현상하다' 라는 의미를 가진 **develop**이 들어가야 한다.

어휘_construct 건설하다

정답_(b)

7.

해석_A: 결혼선물로 저희 호텔은 허니문 스위트룸을 제공해 드리겠습니다.

B: 고맙습니다. 정말 친절하시네요!

해설_ '허니문 스위트룸' 은 **honeymoon suite**라고 한다. **sweet room**이 아니다.

정답_(c)

8.

해석_A: 이 협상을 계속할 시간이 아직도 상당히 많이 남아 있어요.

B: 좋아요. 아마도 쉽게 합의에 도달할 수 있겠군요.

해설_ 여기서 **open**은 '시간이 비어 있는' 의 의미로 쓰였다.

어휘_ an amount of 상당한 양의 ~ **negotiation** 협상 **assuming** 주제넘은, 거만한 **unrevealed** 드러나지 않은, 비밀의

정답_(a)

9.

해석_ 만약 당신이 인터넷에서 서핑을 한다면, 그것은 당신이 온라인으로 여러 가지 정보들을 찾는 데 시간을 보내는 것을 의미한다.

해설_surf는 원래 '파도타기를 하다' 라는 뜻인데, 인터넷에서 정보를 검색하는 것도 **surf**라고 한다.

어휘_drill 훈련하다

정답_(c)

10.

해석_ 이 소설의 성공으로 이 젊은 작가는 낭만주의 문학 장르에서 자신에게 알맞은 하나의 분야를 개척했다.

해설_niche는 '틈새시장' 이라는 의미도 있지만, 여기서는 '(특정) 분야, 영역' 이라는 의미로 쓰였다.

어휘_literature 문학 **award** 상 **competition** 경쟁 **reward** 보상

정답_(b)

11.

해석_ 전 세계의 많은 나라들이 자동차 연료의 약 30%를 바이오에탄올로 충당하는 브라질의 선례를 따름으로써 석유에 대한 의존을 줄이려고 애쓰는 중이다.

해설_ 문맥상 '브라질을 모방하다' 라는 내용이 자연스럽기 때문에 **emulating**이 정답이 된다. **emulate**는 '모방하다, 경쟁하다' 등의 의미를 갖고 있다.

어휘_reduce 줄이다 **compete** 경쟁하다 **disregard** 무시하다 **dismiss** (머릿속에서) 지우다

정답_(a)

12.

해석_ 각 직업군은 각자의 은어를 가지고 있다. 예를 들어, 은행원과 변호사와 컴퓨터 전문가들은 모두 외부인이 이해하지 못하는 언어를 사용한다.

해설_ 문맥상 '외부인이 이해하는 데 어려움을 겪는다' 는 내용이기 때문에 **following**을 써야 한다. **follow**는 '뒤를 따라가다' 라는 의미 외에 '이해하다' 라는 의미로도 쓰인다.

어휘_jargon (특정 집단의) 은어, 전문어 **counsel** 조언하다 **usher** 안내하다 **merit** 공로로 얻다

정답_(d)

13.

해석_Bloom의 작품은 처음에는 대부분의 평론가들에게 호평을 받고 보수적인 사상가들에게도 지지를 받았지만, 나중에는 격렬한 비난을 받게 되었다.

해설_and로 연결되는 것으로 보아 앞 내용과 비슷한 상황임을 알 수 있다. 또한 **initially**는 처음과는 달리 나중에 상황이 반전됨을 암시하고 있다. 따라서 '찬성, 승인' 의 뜻을 가진 **endorsement**가 알맞다. 이밖에도 **endorsement**에는 '배서, (증서에의) 서명' 이라는 뜻이 있다.

어휘_heavy fire 격렬한 비난 **criticism** 비판 **denigration** 명예훼손 **refutation** 반박

정답_(b)

14.

해석_ 그 학생들은 책을 고르기 전에 도서관 서가를 주의 깊게 살펴본다.

해설_peruse는 원래 책을 '꼼꼼하게 읽다' , 즉 '정독하다' 라는 뜻이다. 그러나 여기서는 '잘 살펴보다' 라는 의미로 쓰였다.

어휘_ **shelf** 선반 **select** 고르다 **consult** 상담하다, (참고서 등을) 참고하다 **bruit** (소문을) 퍼뜨리다

정답_ (a)

15.

해석_ 그 후보자는 곤란한 질문들에 대하여 노여움을 가라앉히는 솔직함으로 대답하였으며, 그에 따라 이전에는 그녀의 라이벌을 지지하였던 많은 관중들을 자기편으로 끌어들였다.

해설_ **disarming**은 **disarm**의 현재분사형으로 '노여움을 가라앉히는' 이라는 뜻이다. **disarm**은 '무장을 해제하다' 라는 뜻 외에 '화를 누그러뜨리다' 라는 뜻이 있다.

어휘_ **candidate** 후보자, 지원자 **candor** 솔직 **win over** 설득하다, 자기편으로 끌어들이다 **dogmatic** 교의상의, 독단주의의 **impatient** 성급한 **presumptuous** 주제넘은, 건방진

정답_ (a)

Final Test (1)

1.

해석_ **A:** 화장실에 무슨 문제 있어?

　　B: 수도꼭지가 새. 고쳐야 되겠다.

해설_ 수도꼭지나 가스 밸브에서 물이나 가스 등이 '새어 나오다' 는 **leak**이라고 한다.

어휘_ **gush** (액체 등이) 세차게 흘러나오다 **detain** 못 가게 붙들다 **spoil** 망치다

정답_ (b)

2.

해석_ **A:** 존은 능숙한 논쟁가야.

　　B: 맞아. 그의 계산된 조롱은 정말로 정곡을 찌를 수 있어. 그의 상대가 그 공격을 받고 확실히 얼굴을 붉혔지.

해설_ **a skillful debater**에서 빈칸의 내용을 유추할 수 있다. **hit home**은 '정곡을 찌르다, 아픈 데를 찌르다' 라는 의미.

어휘_ **debater** 논객 **calculated** 계산된, 고의의 **sarcasm** 비꼬는 말, 조소 **opponent** 적수, 상대 **be flushed** (얼굴을) 붉히다 **fold up** 망하다 **go under** 가라앉다 **fly off the handle** 자제심을 잃다, 발끈하다

정답_ (c)

3.

해석_ **A:** 다음 주에 마라톤에 나가기로 결정했어.

　　B: 마라톤이라고? 농담이지?

해설_ **pull A's leg**는 'A를 놀리다, 속이다' 라는 뜻의 관용구.

정답_ (c)

4.

해석_ **A:** 이 컴퓨터 책들은 온통 전문용어로 가득해서 읽을 수가 없어.

　　B: 걱정 마. 그 분야에 들어가면 단기간에 완전히 익숙해질 거야.

해설_ 문맥상 **technical** 뒤에 들어갈 말은 **jargon**(전문용어)밖에 없다. **jiggery**는 **jiggery-pokery**로 쓰인다.

어휘_ **be accustomed to** ~에 익숙해지다 **jiggery-pokery** 속임수, 사기

정답_ (a)

5.

해석_ **A:** 전화 회사에서 제공하는 위치추적 서비스에 대해 어떻게 생각하세요?

　　B: 잘못 사용될 경우, 엄청난 사생활 침해가 될 수 있죠.

해설_위치추적 서비스가 잘못 사용될 경우에 **privacy**와 관련된 것으로는 '사생활 침해'를 생각할 수 있다. **invasion of privacy**가 바로 이에 해당하는 표현이다.

어휘_**tracing service** 위치추적 서비스 **interruption** 중단, 방해 **aggression** 침략 행위 **introversion** 내향성

정답_(d)

6.

해석_**A:** 후식을 먹고 싶지 않다고? 네가 제일 좋아하는 초코 케이크야.

B: 정말 먹고 싶어. 하지만 주치의가 내가 당뇨병에 걸리기 직전이라고 경고했거든.

해설_**develop**는 '발달시키다, 개발하다'에서 의미가 확장되어 '병을 유발시키다'라는 뜻으로도 쓰인다.

어휘_**on the verge of** ~하기 직전에 **diabetes** 당뇨병 **deter** 단념시키다 **devour** 게걸스럽게 먹다 **devise** 고안하다

정답_(c)

7.

해석_**A:** 그 드레스는 너한테 안 어울리는 것 같아. 기분 나빠 하지는 마.

B: 다른 것을 입어 볼까?

해설_다른 사람에게 기분이 상할 만한 얘기를 할 때 '기분 나빠 하지 마.'라는 말을 종종 하는데, 영어로는 **No offense.**라고 한다.

어휘_**Like what**? 예를 들면 어떤 것? **Is that it**? 그게 전부야? **I'm in good shape**. 난 (몸 상태가) 괜찮아.

정답_(a)

8.

해석_**A:** 이번 달 판매실적이 형편없어.

B: 그러게. 본사에서 또 심한 힐책을 받겠군.

해설_문맥상 알맞은 단어는 **rebuke**(비난, 힐책)이다. **draw a rebuke** 하면 '비난[힐책]을 받다'라는 의미.

어휘_**vigorous** 강력한 **head office** 본사 **consulate** 영사관 **extortion** 갈취 **sewage** 오물

정답_(b)

9.

해석_**A:** 한국의 경제 사정이 최근에 계속 악화되고 있어요.

B: 맞아요. 무엇보다도, 금리가 급격히 오르기 시작했어요.

해설_금리나 물가 등이 '급격히' 오른다고 할 때 **dramatically**가 자주 쓰인다.

어휘_**economic condition** 경제 사정 **interest rates** 금리, 이자율 **magically** 마술같이 **swiftly** 신속히 **speedily** 빨리

정답_(a)

10.

해석_**A:** GDP가 뭐예요?

B: GDP는 **Gross Domestic Product**의 약어로, 가장 흔하게 쓰이는 경제 지표예요.

해설_'경제 지표'는 **economic indicator**라고 한다.

어휘_**abbreviation** 약어 **appearance** 외모, 출현 **depiction** 묘사

정답_(d)

11.

해석_**A:** 이 도시의 구역질 나는 악취를 더 이상 참을 수 없어!

B: 나도 그래. 환경미화원들의 파업이 어서 끝났으면 좋겠다.

해설_문맥상 **stench**(악취)를 자연스럽게 꾸며 주는 단어는 **revolting**(불쾌감을 일으키는)이다.

어휘_**stench** 악취 **sanitation worker** 환경미화원 **intractable** 다루기 어려운, 고집스러운 **dissolute** 방종한, 타락한 **assiduous** 근면한, 부지런한

정답_(c)

12.

해석_**A:** 너와 **Jim**이 왜 그렇게 울상이지?

B: 내가 그걸 일일이 설명해야 되겠니? 우린 계속 싸우고 있었잖아.

해설_**spell out**은 '자세히 말하다'라는 뜻이고, **speak out**은 '큰 소리로 말하다, 터놓고 말하다'라는 의미.

어휘_**argue** 논쟁하다, 말다툼하다

정답_(a)

13.

해석_**A:** 기말고사 결과에 대해 너와 얘기를 해야겠구나.

B: 뭐가 잘못됐나요? 저는 이번에 성적이 많이 향상됐다고 생각하는데요.

해설_섣부른 판단으로 **fiasco**를 답으로 고르는 것 같은 실수를 하지 않도록 주의하자! 문맥상 **B**는 자신이 시험을 잘 봤다고 생각하고 있으므로 **progress**가 알맞다. **make progress**는 '진보하다, 향상하다'라는 의미.

어휘_**fiasco** 대실패 **default** 채무 불이행 **defect** 결점

정답_(b)

14.

해석_A: 대개 어느 요인들이 옷 판매에 영향을 미친다고 생각하세요?

B: 정확히는 모르겠어요. 아마 부장님이 더 잘 알려 주실 수 있을 거예요.

해설_ 문맥상 '~에 영향을 미치다' 라는 뜻의 **affect**가 알맞다. **effect** 는 '결과, 효과' 라는 뜻의 명사로 쓰이며, **hold**는 '(규칙 등이) 효력이 있다' 라는 의미.

어휘_factor 요인, 요소 **behold** 보다

정답_(d)

15.

해석_A: 사실 우리는 이 상황에서 그냥 수수방관하고 있을 수 없어.

B: 동의해. 살아남으려면 다른 수단을 찾아봐야 해.

해설_sit on one's hands는 '수수방관하다' 라는 뜻의 관용구다. **our hands**가 없다면 **give up**(포기하다)이 정답이 될 수 있다.

어휘_means 수단 **demolish** (건물을) 헐다, (계획을) 뒤집다, 파괴하다

정답_(a)

16.

해석_A: 이런! 그는 마라톤 경기 후에 완전히 지쳐 보였어.

B: 내가 듣기로는 병원으로 호송되었다던데.

해설_disheveled는 원래 머리 등이 '헝클어진' 이라는 뜻인데, 몸이 '지친' 이라는 의미도 있다.

어휘_convoy 호송하다, 호위하다 **disposed** ~할 생각이 있는 **displeased** 화난 **dispossessed** 쫓겨난

정답_(d)

17.

해석_A: 난 지쳤어. 왜 비행기가 아직도 착륙하지 않는지 모르겠어.

B: 그러게. 14시간 동안 긴 비행을 해서 모든 승객들이 기분이 완전 언짢은데 말이야.

해설_ 문맥상 '까다로운, 심기가 뒤틀린' 의 의미를 갖는 **cranky**가 알맞다.

어휘_mournful 슬픔에 잠긴, 애도하는 **patient** 인내심 있는

정답_(d)

18.

해석_A: 그는 상황이 더 나빠지기 전에 지금 그만둬야 한다고 생각해요.

B: 네, 맞아요. 그는 절망적인 상황에 빠져 있어요.

해설_ 문맥상 **no-win situation**이 알맞다. **no-win situation**은 무슨 수를 써도 '승산이 없는 상황, 절망적인 상황' 을 의미한다.

difficulty는 **have difficulty in -ing**(~하는 데 어려움을 겪다)의 형태로 쓰인다.

어휘_easiness 용이함

정답_(a)

19.

해석_A: 그의 부인은 상당한 회사 주식을 가지고 있다는 소문이 있어.

B: 그래서 그가 회사에서 영향력을 갖는 거지.

해설_sizable은 '(금액 등이) 상당한, 꽤 많은' 이라는 뜻이다. **size** 때문에 헷갈리는 일이 없도록 하자.

어휘_influential 영향력이 있는 **soothing** 달래는, 위로하는

정답_(c)

20.

해석_A: 너무 많은 사람들이 이 계획에 반대했어요.

B: 너무 비관적으로 생각하지 마세요. 그들은 분명 대안을 제안할 거예요.

해설_ 문맥상 '대안' 이라는 뜻의 **counterproposal**이 적절하다.

어휘_oppose ~에 반대하다 **pessimistic** 비관적인

정답_(b)

21.

해석_A: 그는 우리 학교 정책에 가장 큰 장애물이야. 그는 항상 그가 원하는 대로 해.

B: 그런 말을 들으니 유감이구나. 난 너랑 의견이 완전히 달라. 난 그가 좋은 사람이라고 생각해.

해설_ 자기가 원하는 대로 하기 때문에 학교 정책에 방해가 된다고 해야 문맥이 자연스러우므로 **obstacle**(장애물, 방해물)이 들어가야 한다.

어휘_policy 정책 **disagree with** ~와 의견이 다르다 **invention** 발명(품) **delight** 기쁨

정답_(b)

22.

해석_A: 다행이야. 대부금이 일 년 혹은 이 년 연장될 수도 있대.

B: 조금 안심할 수는 있겠다. 하지만 그래도 네 계획을 마치기에는 여전히 시간이 충분하지 않아.

해설_ 기간을 '연장하다' 라는 의미에 알맞은 동사는 **extend**이다.

어휘_attenuate 가늘게 하다 **reimburse** 변상하다, 상환하다

정답_(d)

23.

해석_ A: 와, Kiny! 늦게까지 일하는군 그래.

B: 저 아시잖아요, 전 항상 아주 열심히 일해요.

해설_ burn the midnight oil은 한밤중에도 기름을 태울 만큼 '밤 늦게까지 일하다' 라는 뜻의 관용구다.

어휘_ chase around 쫓아다니다 gang up to-V 집단으로 ~하다

정답_ (c)

24.

해석_ A: 전에 널 떠났던 거 미안해. 하지만 지금은 널 사랑하는 걸 깨닫고 있어.

B: 널 다시 받아 줄게.

해설_ 문맥상 떠났다가 돌아온 사람을 다시 받아 준다는 내용이 자연스러우므로 take you back이 알맞다.

어휘_ bake 굽다 get A in A를 들어오게 하다

정답_ (b)

25.

해석_ A: 미안하지만, 우리 사이는 끝난 것 같다.

B: 난 너와 헤어지고 싶지 않아.

해설_ break up with는 '~와 헤어지다' 라는 뜻의 관용구.

어휘_ hang up 전화를 끊다 break in ~을 길들이다 hold up 기다리다, 동작을 멈추다

정답_ (d)

26.

해석_ 대부분의 피트니스 프로그램을 통해 당신의 몸은 결국 바로잡히고, 당신은 안정을 찾게 된다.

해설_ reach a plateau 하면 '안정기에 이르다' 라는 의미.

어휘_ eventually 결국 adjust 조절하다, 바로잡다

정답_ (b)

27.

해석_ 크리켓을 아주 싫어하는 많은 사람들은 겉보기에는 모두 똑똑해 보이는 일단의 젊은이들이 3~4일을 연달아 뛰어다니며 작은 공을 치는 것을 멍청하다고 생각한다.

해설_ 문맥상 '겉으로 보기에는' 이라는 뜻의 seemingly가 적절하다.

어휘_ detest 몹시 싫어하다 on end (시간 등이) 연달아 untimely 때에 맞지 않게 indirectly 간접적으로 forcefully 힘차게

정답_ (a)

28.

해석_ 다른 국가의 문화적 관습을 이해하는 것은 복잡하고 혼란스러운 일이지만, 최소한 그들의 생활방식의 기본을 이해하는 것에 대한 보상은 그것들을 배우는 데 소요되는 시간과 노력의 값어치를 충분히 한다.

해설_ 시간이 들고 수고스럽더라도 타 문화를 이해하려는 노력은 그만한 가치가 있다는 내용이다. 따라서 문맥상 well worth가 적절하다. 〈well worth + 명사/동명사〉는 '~의/~할 가치가 충분히 있다' 라는 의미.

어휘_ bewildering 혼란스러운, 어리둥절한 reward 보상 fundamentals [pl.] 기본, 근본, 기초 suppress 억압하다 slow down 속도를 늦추다 do away with ~을 없애다, 폐지하다

정답_ (b)

29.

해석_ 그 좀도둑은 붙잡히자 속이 빤히 보이는 변명을 했다.

해설_ excuses와 어울리는 단어는 flimsy(속이 빤히 보이는)이다. a flimsy excuse 하면 '속이 빤히 보이는 변명' 이라는 의미.

어휘_ shoplifter 좀도둑 make an excuse 변명을 하다 ordeal 시련, 고난 fragile 부서지기 쉬운 dim 희미한, 어렴풋한

정답_ (b)

30.

해석_ 그 새로운 레스토랑은 아르데코풍의 실내장식과 세련된 분위기를 갖추고 있어서, 우리는 그곳의 비싸지 않은 가격에 유쾌하게 놀랐다.

해설_ 문맥상 '(장소 등의) 분위기' 라는 뜻의 ambiance가 적절하다.

어휘_ sophisticated 세련된 reasonable (값이) 적당한, 비싸지 않은 complacency [보통 부정적 의미로] 자기 만족 eminence (지위, 신분 등의) 고위, 명성 nuisance 성가신 것

정답_ (a)

31.

해석_ 나는 파티에서 자기 일 얘기만 하는 상인들의 말을 듣는 걸 몹시 싫어한다.

해설_ talk shop은 '(때와 장소를 가리지 않고) 자신의 일 이야기를 하다' 라는 뜻의 관용구.

어휘_ commerce 상업, 교역

정답_ (d)

32.

해석_ 제인이 열성적이고 지적인 직원이긴 하지만, 그녀는 여전히 약간 미숙하기 때문에 실수를 할 때는 그녀를 도와주세요.

해설_ 실수하면 도와주라는 내용과 문맥이 통하려면 **wet behind the ears**가 들어가야 한다. '미숙한, 젊고 경험이 없는' 이라는 의미.

어휘_ **up to one's ears** ~에 몰두하여 **cup of tea** ~기호에 맞는 사람[물건] **against the grain** 성미에 맞지 않게

정답_ (b)

33.

해석_ 조종사는 폭풍 때문에 밖이 한 치 앞도 보이지 않는다고 보고했다.

해설_ **visibility**는 날씨와 관련해서 앞이 보이는 정도를 의미하는 '가시성' 이다. **zero visibility**는 말 그대로 '제로 가시성' 으로, 앞이 전혀 보이지 않는 상태를 뜻한다. 반면, **sight**는 눈으로 볼 수 있는 능력을 의미하는 '시력' 을 뜻한다.

어휘_ **range** 범위 **limit** 한계

정답_ (a)

34.

해석_ 이 회사는 다른 거대 기업들의 사사건건한 간섭을 피하면서 자동차에 집중을 해 왔다.

해설_ **finger-in-every-pie approach**는 have a finger in the pie(관여하다, 간섭하다)를 변형한 형태로, '사사건건 간섭하는 식의 접근' 을 뜻한다.

어휘_ **focus on** ~에 집중하다 **shun** 피하다 **conglomerate** (거대) 복합 기업

정답_ (a)

35.

해석_ 이 섬은 식민지다. 그러나 대부분의 일에 있어서 이 섬은 자치적이고 본국으로부터 어떠한 명령도 받지 않는다.

해설_ 본국의 간섭을 받지 않는다는 내용과 어울리는 것은 '자치권이 있는' 이라는 뜻의 **autonomous**이다.

어휘_ **disinterested** 사심 없는 **impoverished** (나라, 지역 등이) 동식물이 자라지 않는 **heretical** 이교의, 이단적인

정답_ (c)

36.

해석_ 그에게는 마음이 노상 맛있는 것에 대한 생각에 빠져 있는 아주 뚱뚱한 친구가 있었다.

해설_ 맛있는 음식만 생각한다는 친구를 수식하기에 적절한 단어는

corpulent이다. '(병적으로) 살찐, 뚱뚱한' 이라는 의미.

어휘_ **be occupied with** ~에 빠져 있다, 몰두하다 **delicacy** 맛있는 것 **charming** 매력적인

정답_ (b)

37.

해석_ 농부들은 건조한 계곡에 있는 수천 에이커의 땅에 물을 대는 관개 수로 네트워크를 만들기 위해 강을 이용했다.

해설_ 관개수로를 만든다는 내용과 문맥이 통하는 것은 **arid**(건조한, 메마른)이다.

어휘_ **irrigation canal** 관개수로 **precipitous** 가파른 **fertile** 비옥한 **steep** 가파른

정답_ (a)

38.

해석_ 당국은 불법으로 복제된 소프트웨어 응용프로그램에 대한 통제를 강화해야 한다.

해설_ '불법으로 복제된' 이라는 뜻의 **pirated**가 적절하다. 동사원형 **pirate**는 '표절하다, 저작권을 침해하다' 라는 의미.

어휘_ **authority** 권위, 당국 **coin** (화폐를) 주조하다 **multiply** 증가시키다 **brew** (맥주를) 양조하다; (음모를) 꾸미다

정답_ (c)

39.

해석_ 비록 몇몇 전문가들은 실업문제에 관해 우려하고 있지만, 금년에는 경제가 좋아질 것이라는 게 전반적인 의견인 것 같다.

해설_ 문맥상 '일치된 의견, 합의' 라는 뜻의 **consensus**가 적절하다.

어휘_ **accumulation** 축적 **supplement** 추가, 보충 **alliance** 동맹

정답_ (a)

40.

해석_ 수많은 사람들이 법원의 결정에 항의하기 위해서 모였다.

해설_ 문맥상 '항의하다' 라는 뜻의 **protest**가 적절하다.

어휘_ **detest** 몹시 싫어하다 **attest** 증명하다 **contest** 논쟁하다, 겨루다

정답_ (d)

41.

해석_ 몇 시간 동안 눈 속을 걸은 후라 그들은 그 방이 아주 아늑해서 좋았다.

해설_ 문맥상 '아늑한, 포근한' 이라는 뜻의 **cozy**밖에 들어갈 단어가 없

다.

어휘_ contagious 전염성의 **convert** 변하게 하다, 개종시키다
  cowardly 겁 많은, 비열한

정답_ (a)

42.

해석_ 계속 증가하는 항공 기능의 컴퓨터화 추세가 급속하게 빨라지고 있
  으며, 심지어는 세계에서 가장 소규모의 운송회사까지도 포함하기
  시작하고 있다.

해설_ 문맥상 '포옹하다, 포함하다' 라는 뜻의 **embrace**가 알맞다.

어휘_ accelerate 가속하다, 빨라지다 **carrier** 운반인, 운송회사
  rumble (천둥 등이) 우르르 울리다, (차 등이) 덜거덕거리며 가다
  impress ~에게 감명을 주다

정답_ (c)

43.

해석_ 그 알코올음료는 우수한 품질을 낳는, 현대적이며 고도의 살균 시
  스템에서 증류되었다.

해설_ 알코올음료가 '증류되었다' 고 해야 문맥이 통하므로 distill(증류
  하다)의 과거분사형 **distilled**가 들어가야 한다.

어휘_ antiseptic 살균의, 멸균의 **distort** 비틀다, 왜곡하다
  distribute 분배하다 **diffuse** 흐트러뜨리다, 발산하다

정답_ (d)

44.

해석_ 프랑스는 교육을 잘 받은 젊은 사람들에게 기회가 풍부하다.

해설_ 전치사 **in**과 함께 쓰이면서 문맥이 통하는 것은 **abound**이다.
  abound in 하면 '~으로 가득하다' 라는 의미.

어휘_ well-educated 잘 교육된, 교양 있는 **be bound to-V**
  ~할 의무가 있다 **bind** 묶다 **bonds [pl.]** 유대, 결합

정답_ (b)

45.

해석_ 시장에 강하게 불어 닥친 바람이 너무 맹렬해서 갤러리 전체가 곧
  바로 불길에 휩싸였다.

해설_ 문맥상 어울리는 것은 '활활 타오르는' 이라는 뜻의 **in flames**이
  다. **go up in flames** 하면 '(건물이) 타오르다' 라는 의미.

어휘_ blast 센 바람, 돌풍 **in tray** 미결의 **in depth** 깊이 있게

정답_ (b)

46.

해석_ 미신적인 사람들은 개의 구슬픈 울음소리가 사랑하는 사람의 죽음
을 예고하는 나쁜 징조라고 믿는다.

해설_ 문맥상 개가 짖는 소리를 나타내는 **whine**이 들어가야 한다.
  whine은 동사로는 '구슬프게 울다, (개가) 낑낑거리다' 라는 뜻이
  고, 명사로는 '흐느끼는 소리, (개 등의) 낑낑거림' 이라는 뜻이다.

어휘_ superstitious 미신적인 **omen** 조짐, 징조 **foretell** 예고
  하다 **wane** 작아지다, (달이) 이지러지다

정답_ (b)

47.

해석_ 과학자들 곁에서 시간을 보내지 않고서는, 우리가 그들의 일과를
  겪어 본다면 우리들 중 많은 이들이 느끼게 될 아주 지루한 권태를
  제대로 알기 어렵다.

해설_ tedium을 수식하는 말로 적절하고 문맥상으로도 자연스러운 단
  어는 '지루하고 심심해 죽을 지경인' 의 뜻을 가진 **mind-
  numbing**이다.

어휘_ sheer 완전히 **tedium** 지겨움, 권태 **mind-boggling** 깜
  짝 놀라게 하는, 상상을 초월한 **stimulate** 자극하다
  absent-minded 멍한

정답_ (a)

48.

해석_ 그들은 약속받았던 토지나 보상금을 받지 못해서 궁핍한 상태다.

해설_ 문맥상 **destitute**(빈곤한, 궁핍한)가 들어가야 한다.
  impoverish는 '가난하게 하다' 라는 뜻의 타동사이므로, 정답이
  되려면 수동형인 **impoverished**로 써야 한다.

어휘_ provide A with B A에게 B를 제공하다 **compensation**
  보상(금) **prosperous** 번영하는, 부유한

정답_ (c)

49.

해석_ 금요일의 파업 행위 때문에 토요일에는 파리의 주요 도심 기차 노선
  중 두 개가 심하게 두절될 것이라고 파리의 교통당국이 언급했다.

해설_ '열차가 두절된다' 고 해야 문맥이 맞으므로 **disrupted**가 적절
  하다. **disrupt**는 '(교통, 통신 등을) 혼란시키다' 라는 의미.
  demolish는 건물 등을 물리적으로 '헐다' 라는 뜻이므로 적절
  하지 않다.

어휘_ due to ~ 때문에 **strike action** 파업 행위 **resume** 재개
  하다 **contaminate** 오염시키다

정답_ (a)

50.

해석_ 이 학회에서 내가 받은 지도는 언론 기자로서 나의 성공적인 경력

의 초석이 되었다.

해설_ 문맥상 '성공의 바탕' 이라는 내용이 되는 **cornerstone**(초석,
토대)이 들어가야 한다. **thumb**과 관련해서는 **by rule of
thumb**(경험으로, 어림으로)을 기억해 두자.

어휘_ **flagstone** 포석 **edge** 가장자리

정답_ (d)

Final Test (2)

1.

해석_A: 이걸 어떻게 풀지? 그녀는 나에게 아주 화가 나 있어.

   B: 그녀에게 전화해서 해결해 봐.

해설_ 문맥상 그녀가 화가 나 있는 문제를 해결해 보라는 뜻의 **work it
out**이 적절하다. **work out**은 '(문제 등을) 해결하다' 라는 의미.

어휘_ **break up** 헤어지다 **spread out** 퍼지다 **help out** 돕다

정답_ (d)

2.

해석_A: 신부 봤어?

   B: 응, 그녀는 들러리랑 같이 있었어.

해설_ **bride**(신부)가 언급된 것으로 보아 **bridesmaids**가 적절하다.
bridesmaid는 '신부 들러리', **best man**은 '신랑 들러리'
이다. '신랑' 은 **bridegroom** 또는 **groom**이라고 한다.

어휘_ **defendant** 피고

정답_ (c)

3.

해석_A: 그들은 모두 탐욕스럽고 단것에 빠져 있어.

   B: 넌 왜 그렇게 아이들에게 비관적이니?

해설_ 아이들에게 비관적이라는 **B**의 답변으로 보아 '탐욕스러운' 이란
뜻의 **greedy**가 적절하다.

어휘_ **hyped up on** ~에 열광적인, ~을 갈망하는 **grease** 기름
sorrow 슬픔

정답_ (b)

4.

해석_A: 그녀가 임신했다고 들었어요. 맞아요?

   B: 네, 곧 출산할 예정이에요.

해설_ **soon**이 있기 때문에 출산할 예정이라는 말이 나와야 한다. **give
birth to** 하면 '~을 낳다' 라는 의미. **having a child**는 '임신
중' 이라는 뜻이다.

정답_ (a)

5.

해석_A: 곧 아기가 태어날 거야.

   B: 오! 내가 아빠가 되는구나. 난 좋은 아빠가 될 거야.

해설_ **brand-new**는 '아주 새로운' 이라는 뜻인데, 여기서는 '갓 태어
난' 이란 의미가 된다.

어휘_ **up-to-date** 최신의 **original** 최초의, 원래의

정답_ (d)

6.

해석_ **A:** 봐, 나에게 (아기) 초음파 사진이 있어.

B: 정말? 아기 보여? 너무 작다.

해설_ 아기가 보이냐고 묻는 **B**의 질문에서 **sonogram picture**(초음파 사진)가 적절한 답임을 알 수 있다.

어휘_ **radiation** 방사, 방사선

정답_ (c)

7.

해석_ **A:** 왜 우리가 최근에 걔를 못 봤지?

B: 걔가 다른 친구들과 어울리고 있었잖아.

해설_ **hang out with**는 '~와 어울리다' 라는 뜻의 관용구.

어휘_ **halt** 멈춰서다 **probe** 검사하다, 엄밀히 조사하다

정답_ (b)

8.

해석_ **A:** 그러니까 그녀가 정말로 죽지 않았다는 거죠?

B: 네. 아직 버티고 있어요. 걱정해 줘서 고마워요.

해설_ 그녀가 아직 죽지 않았다고 했기 때문에 '버티다' 라는 뜻의 **hang in there**가 적절하다.

어휘_ **hang up** 전화를 끊다

정답_ (c)

9.

해석_ **A:** 당신이 나한테 신호(추파)를 보내고 있었잖아요!

B: 그건 아무것도 아니었어요. 아무 의미도 없었다구요.

해설_ **signal**은 원래 '신호' 라는 뜻이지만, 상황에 따라 '추파' 라는 뜻으로도 쓰인다.

어휘_ **note** 기록 **notice** 통지

정답_ (a)

10.

해석_ **A:** 그냥 거두절미하자.

B: 그래, 말해 봐. 요점이 뭐야?

해설_ **B**가 요점이 뭐냐고 되물은 것으로 보아 **cut to the chase**(거두절미하다, 요점만 말하다)가 적절하다. **reduce**는 '(양, 액수 등을) 줄이다' 라는 의미.

정답_ (a)

11.

해석_ **A:** 어떻게 그런 짓을 할 수가 있니?

B: 그래. 그건 야비한 짓이었어.

해설_ 문맥상 '야비한' 이라는 뜻의 **vulgar**가 적절하다.

어휘_ **altruistic** 이타적인 **alter** 바꾸다, 변경하다 **vinegar** 식초

정답_ (b)

12.

해석_ **A:** 직업이 뭐예요?

B: TV에 나오는 배우예요.

해설_ TV에 나온다고 했으므로 **soap actor**(드라마 배우)가 적절하다. '드라마' 는 **soap opera**이다.

정답_ (c)

13.

해석_ **A:** 그의 위법행위는 일단의 사람들에 의해 증언되었어요.

B: 네, 그래서 난 그가 체포될 거라고 믿어요.

해설_ **be arrested**(체포된다)에서 **violation**(위반, 위법행위)이 적절하다는 것을 알 수 있다.

어휘_ **witness** 목격하다; 증언하다 **arrest** 체포하다 **vide** ~ 참조 **violent** 폭력적인

정답_ (d)

14.

해석_ **A:** 난 우리 보고서에 대해 재고해 보려구요.

B: 그럼 우린 세부사항을 첨가할 필요가 있겠군요.

해설_ **have second thoughts**는 '재고하다' 라는 뜻의 관용구.

어휘_ **admit** 인정하다; (입학 등을) 허락하다 **submit** 제출하다

정답_ (c)

15.

해석_ **A:** 수술 결과가 어때요?

B: 음, 그 뇌 이식은 성공적이지 못했어요.

해설_ **surgery**(외과 수술)라는 말에서 **brain transplant**(뇌 이식)가 적절함을 알 수 있다.

어휘_ **hair transplant** 머리카락 이식 **transection** 횡단 **transfusion** 수혈

정답_ (a)

16.

해석_ **A:** 무슨 일이 있었는지 기억 나세요?

B: 네, 분명히.

해설_ 문맥상 '분명히, 생생하게'라는 뜻의 **vividly**가 적절하다.

어휘_ **highly** 높이, 몹시 **necessarily** 반드시 **vital** 생명의, 극히 중대한

정답_ (c)

17.

해석_ A: 무슨 일 있었어? 너 어제 쏜살같이 가고 있었잖아.

　　　B: 어떤 커다란 개한테서 도망치는 중이었어.

해설_ **like a bat out of hell**을 직역하면 '지옥에서 나온 박쥐처럼' 인데, 그만큼 '맹속력으로'라는 뜻의 관용구로 쓰인다.

정답_ (b)

18.

해석_ A: 우린 그애의 이모랑 삼촌이 될 거야.

　　　B: 그래, 우린 혈육이야.

해설_ 문맥상 피로 맺어진 '혈육'이라는 뜻의 **related by blood**가 알맞다.

어휘_ **draw blood** 피가 나게 하다, 상처를 입히다

　　　the blood and iron policy 철혈 정책

정답_ (d)

19.

해석_ A: 나쁜 냄새가 나. 모든 곳을 다 확인해 보는 게 좋겠어.

　　　B: 가스 누설이 있었다고 했잖아.

해설_ 나쁜 냄새가 나는 것과 문맥이 통하는 것은 **gas leak**(가스 누설) 이다. **leak**은 '(가스, 물 등이) 새다'라는 의미.

어휘_ **lick** 핥다

정답_ (b)

20.

해석_ A: 일회용 카메라는 어디 있어?

　　　B: 왜? 네 카메라 안 가져 왔니?

해설_ 문맥상 '일회용의'라는 뜻의 **disposable**이 알맞다.

어휘_ **potable** (물이) 마시기에 알맞은 **useless** 쓸모없는

정답_ (c)

21.

해석_ A: 어떻게 지내? 입덧 있었어?

　　　B: 응, 임신한 상태는 힘들어.

해설_ **morning sickness**는 임신으로 인한 '입덧'이다. **throw up, puke, vomit**는 모두 음식물을 '토하다'라는 의미.

정답_ (a)

22.

해석_ A: 그거 들었니? 새로 오신 선생님이 아주 유명한 식물학자래.

　　　B: 알아. 그분은 심지어 몇 가지 종(種)의 이름도 명명하셨어.

해설_ 종(種)의 이름을 명명했다는 점으로 보아 **botanist**(식물학자)가 알맞다.

어휘_ **botanist** 식물학자 **psychologist** 심리학자

　　　bacteriologist 세균학자

정답_ (b)

23.

해석_ A: 왜 나한테 계속 술을 주는 거야? 난 술을 잘 못 마셔.

　　　B: 너 취하게 하려고.

해설_ **drunk**는 '술에 취한'이라는 형용사이고, 다른 사람을 '취하게 하다'라는 말은 **get A drunk**(A를 취하게 하다)와 같이 쓴다. **alcohol**은 동사로 쓰이지 않는다.

어휘_ **heavy drinker** 술이 센 사람 **give up** 포기하다

정답_ (d)

24.

해석_ A: 유행 감각이 아주 뛰어나시군요.

　　　B: 고마워요. 난 패션 잡지사에서 일하거든요.

해설_ **in style**은 '유행하는, 유행 감각이 뛰어난'이란 뜻의 관용구.

정답_ (b)

25.

해석_ A: 당신은 제가 일해 본 관리자 중 가장 재능 있어요.

　　　B: 고마워요. 당신 역시 훌륭한 직원이에요.

해설_ **also**가 있기 때문에 **outstanding**과 비슷한 의미를 가진 **talented**(재능 있는)가 알맞다.

어휘_ **outstanding** 눈에 띄는, 걸출한 **horrible** 무서운, 끔찍한

　　　taking 관심을 끄는, 매력 있는

정답_ (a)

26.

해석_ 불안감이 온 시내에 가득 차 있었다.

해설_ 장소를 나타내는 말을 목적어로 취하면서 문맥상 알맞은 단어는 **pervade**(~에 널리 퍼지다, 스며들다)밖에 없다.

어휘_ **uneasiness** 불안 **alleviate** (고통을) 덜다, 경감하다

　　　polish 닦다, 윤내다 **decorate** 장식하다

정답_ (d)

27.

해석_ 우리 회사는 현재 원래 크기의 두 배다. 처음 설립되었을 때는 겨우 지금 크기의 반이었다.

해설_ 뒷문장의 **half**(반)에서 힌트를 얻어 **double**이 정답이 됨을 알 수 있다.

어휘_ **establish** 설립하다 **triple** 세 배의 **multiple** 복합적인 **duplicate** 복사하다, 복제하다

정답_ (c)

28.

해석_ 학교에서 위험한 물건을 소지하는 것에 대한 결과는 제적입니다.

해설_ 위험한 물건을 소지한 결과와 관련 있는 단어는 **expulsion**(제명, 제적)이다.

어휘_ **consequence** 결과 **award** 상 **encouragement** 격려 **violence** 폭력

정답_ (b)

29.

해석_ 소설이란 작가가 만들어낸 등장인물들을 가지고 실재하지 않는 사건들을 자유롭게 서술할 수 있는 문학 장르다.

해설_ **unreal events**(실재하지 않는 사건들)를 다루는 문학 장르는 소설, 즉 **fiction**(소설, 허구)이다.

어휘_ **made-up** 만들어낸 **essay** 수필, 에세이, 시론 **portrait** 초상(화) **biography** 전기, 일대기

정답_ (c)

30.

해석_ 내 친구는 연체료가 청구된 것에 몹시 화가 났다.

해설_ 연체료가 청구됐다는 것과 문맥상 통하는 말은 **furious**(분노한, 격노한)이다. **negative**(부정적인)는 사람의 기분을 나타내는 말로는 쓰이지 않는다.

어휘_ **charge** 청구하다, 부과하다 **late fee** 연체료 **incorrigible** (사람, 성격 등이) 교정할 수 없는, 구제불능인 **joyful** 기쁜, 즐거운

정답_ (d)

31.

해석_ 그 신사는 멋졌다. 나는 그가 말하는 방식이 정말로 마음에 들었다.

해설_ **swell**은 '부풀다' 라는 뜻의 동사로 쓰일 뿐만 아니라, '멋진, 멋쟁이의' 랍 뜻이 형용사로두 쓰인다.

어휘_ **swellhead** 자만하는 사람 **swallow** 삼키다 **swellfish** 복어

정답_ (c)

32.

해석_ 오늘 나는 개를 데리고 공원에 갔고, 우린 테니스공을 가지고 놀았다. 우리 개는 테니스공을 가져오는 것을 아주 좋아한다.

해설_ **take, bring, fetch**는 그 의미가 조금씩 다르다. **take**는 '가지고 가다, 데려가다' 라는 뜻이고, **bring**은 '가져오다, 데려오다' 라는 뜻이다. **fetch**는 '가서 가져오다' 라는 의미. 예를 들어, 던진 물건을 가서 가져오는 상황 등에 쓰인다.

정답_ (b)

33.

해석_ 의사들이 그 아기를 받아냈을 때, 그들은 아기가 너무 커서 놀랐다.

해설_ **deliver**는 '분만시키다' 라는 뜻이고, '분만하다' 는 **be delivered of**(~을 분만하다)와 같이 수동형으로 쓴다. **give birth to**는 '(아이를)낳다' 라는 의미.

정답_ (d)

34.

해석_ 어떤 나라에서는 심각한 범죄를 저지르는 사람은 사형 선고를 받을 수도 있다.

해설_ '사형 선고를 받다' 는 **be sentenced to death**라고 한다.

어휘_ **announce** 발표하다, 공고하다 **order** 명령하다

정답_ (c)

35.

해석_ 역사 수업의 에세이 시험지를 제출했는데, 선생님이 내게 전화해서 내 필체를 알아볼 수 없다고 하셨다.

해설_ **handwriting**(필체)에 대한 설명으로 적절한 단어는 **legible**(읽기 쉬운)이다.

어휘_ **turn in** 제출하다 **audible** 들리는 **incomprehensible** 이해할 수 없는 **intelligible** 이해하기 쉬운, 알기 쉬운

정답_ (b)

36.

해석_ 수학 시험은 너무 어려웠다. 시험이 끝날 때까지 그냥 앉아 있는 것도 곤욕스러웠다.

해설_ 문맥상 **agonizing**(괴롭게 하는)이 알맞다. **tired**(피곤한)는 주어가 사람일 때 쓰는 것이므로 문법상 맞지 않다.

어휘_ **sit through** ~가 끝날 때까지 가만히 앉아 있다 **bearable** 견딜 수 있는

정답_ (a)

37.

해석_ 남자친구와 헤어진 후 Sophie는 몹시 마음 아파했고 울음을 멈출 수가 없었다.

해설_ break up with는 '~와 헤어지다' 라는 뜻의 관용구.

어휘_ heartbroken 비탄에 잠긴 crush 눌러 부수다, 뭉개다

정답_ (d)

38.

해석_ 그 노교수님은 따분한 계산조차 컴퓨터를 사용하는 것보다는 손으로 하는 것을 신뢰하는 교조주의적인 사상가였다.

해설_ 남들과는 다른 생각을 고수하는 사람을 설명하는 단어로 적절한 것은 doctrinaire(교조주의적인)이다.

어휘_ tedious 지루한, 지겨운 eclectic 절충주의적인
ingenuous 순진한, 솔직한 cogent 사람을 납득시키는

정답_ (b)

39.

해석_ 내 친구들은 나에게 완전히 솔직하지 못했고, 그래서 나는 그들에게 내 인내심이 바닥나고 있다고 말해야 했다.

해설_ 문맥상 '솔직한' 의 뜻을 가지고 있는 candid가 알맞다. candy는 헷갈리게 하기 위해 제시한 것이므로 주의할 것!

어휘_ patience 인내심 run out 바닥나다 indirect 솔직하지 않은, 빙 둘러대는 conventional 상투적인

정답_ (a)

40.

해석_ 부모는 자식들이 안전하기를 바라기 때문에 그들에게 담배를 피우거나 마약을 하지 말라고 경고한다.

해설_ 문맥상 담배나 마약을 피하라는 뜻이 되어야 하므로 stay away가 들어가야 한다. stay away from은 '~을 가까이하지 않다, ~에서 떨어져 있다' 라는 의미.

정답_ (c)

41.

해석_ 프랭크는 다른 사람들의 비밀을 어느 누구에게도 절대 폭로하지 않고 남 이야기도 하지 않는다. 그는 아주 믿을만한 사람이다.

해설_ 비밀을 잘 지키는 사람과 어울리는 단어는 trustworthy(신뢰할 수 있는)이다.

어휘_ unworthy 가치 없는 heartbreaking 애끓는 마음을 자아내는 irrational 이성을 잃은, 분별없는

정답_ (d)

42.

해석_ 시베리아 호랑이들이 멸종되어 가고 있다. 그 수를 늘리기 위한 국제적인 노력이 필요하다.

해설_ 두 번째 문장에서 수를 늘려야 한다는 말이 나오므로 시베리아 호랑이가 멸종 위기에 처해 있다는 추론을 할 수 있다. 따라서 extinct(멸종된)가 정답이다.

어휘_ prosperous 번영하는 spontaneous 자발적인

정답_ (c)

43.

해석_ 공격이 있고 나서 몇 시간 후에 경찰은 용의자 한 명을 체포했다.

해설_ 문맥상 '용의자' 라는 뜻의 suspect가 들어가야 한다. convict와 prisoner는 이미 체포되었거나 재판을 받은 사람이다.

어휘_ suspicious 의심하는, 의심스러운 convict 죄인, 죄수
prisoner 죄수

정답_ (a)

44.

해석_ 옆집에 사는 아기는 항상 내가 그에게 어떤 과자를 주기를 원한다. 그 아기는 분명 그 과자에 빠져 있다.

해설_ 아기가 그 과자에 obsessed(사로잡힌) 되어 있다고 해야 문맥이 맞다. be obsessed with(~에 사로잡혀 있다)의 형태로 외워두자.

어휘_ fearful 무서운, 두려워하는 paranoid 편집증의, 피해망상의

정답_ (c)

45.

해석_ 시간 부족으로 이사회는 그에게 보고서의 요점을 발표하라고 요구했다.

해설_ 문맥상 '요점' 이라는 뜻의 gist가 들어가야 한다.

어휘_ bust 흉상, 반신상 rust 녹; 나쁜 버릇

정답_ (c)

46.

해석_ 많은 아시아 국가에서는 사람들이 노인들을 매우 존중한다.

해설_ have a high esteem은 '~을 매우 존경[존중]하다' 라는 의미.

어휘_ verification 확인, 검증 encomium 찬사
bewilderment 당황

정답_ (a)

47.

해석_2001년에 일련의 불운한 사건들의 뒤를 이어 취소된 자신의 실패
한 돈키호테 프로젝트 자금을 아직도 구하고 있는 그 감독은 〈그림
형제〉를 '자신의 상업영화' 라고 불렀다.

해설_off와 함께 쓰이면서 문맥상 알맞은 단어는 **call**이다. **call off** 하
면 '취소하다, 손을 떼다' 라는 의미.

어휘_**search for** ~을 찾다, 구하다 **aborted** 실패한
catastrophe 대참사 **interrupt** 가로막다, 방해하다
cease 멈추다, 중지하다

정답_(d)

48.

해석_심지어는 라틴어를 포함해 우르두어, 아랍어 등 다양한 언어로 번
역되어 33편의 아스테릭스 시리즈 약 3억 2천 5백만 부가 팔렸다.

해설_다양한 언어로 번역됐다는 내용이므로 **translation**(번역)이 알
맞다.

어휘_**diverse** 다른 종류의, 다양한 **reference** 참조, 참고문헌
subscription (서적, 잡지 등의) 예약 구독
transformation 변형

정답_(a)

49.

해석_위원회는 이사에 대한 조치를 취하기 위해 비상 회의를 소집했다.

해설_회의를 '소집하다' 라는 뜻의 단어는 **convene**이다.

어휘_**take action** 조치를 취하다 **convey** 나르다, 전달하다
convert 전환하다 **converge** 한데 모아지다

정답_ (b)

50.

해석_지나치게 많은 가스는 치명적이지만, 극소량은 혈관을 확장시키고
염증을 줄여 장기이식 환자들의 생존 가능성을 높일 수도 있다.

해설_**minute**는 '미세한' 이란 뜻의 형용사로 쓰였고, 동사 **help**에 **-s**
가 없기 때문에 복수 명사가 주어로 와야 하는 것을 알 수 있다. 문
맥상으로도 **dose**(약의 1회분, 복용량)가 알맞다.

어휘_**deadly** 치명적인 **blood vessel** 혈관 **inflammation**
염증 **boost** 밀어 올리다 **transplant** 이식; 이식하다
injection 주사 **inhale** (공기 등을) 들이쉬다

정답_(a)

Final Test (3)

1.

해석_**A:** 왜 그렇게 기분이 좋아?

B: 놀랍게도 Robinson 은행이 아무런 조건 없이 나에게 백만
달러를 대출해 주었어.

해설_**with no strings attached**는 '아무런 조건 없이' 라는 뜻이
고, **with reservation**은 '조건부로' 라는 뜻이다.

어휘_**straight from the horse's mouth** 믿을 만한 소식통으
로부터, 본인의 입으로부터 **with set teeth** 이를 악물고

정답_(b)

2.

해석_**A:** 직업이 뭐예요?

B: 안마사예요.

해설_'안마사' 는 **masseur**라고 한다. 다른 단어들과 철자가 헷갈리지
않도록 주의하자.

어휘_**massage** 마사지 **meadow** 초원

정답_(d)

3.

해석_**A:** 만약을 위해서 기본 원칙을 정해 놓자.

B: 그래, 물론 그래야지.

해설_만일의 경우를 대비해서 **ground rules**(기본 원칙)를 정해 두자
고 해야 문맥이 통한다.

어휘_**fiasco** 큰 실수, 대실패 **ablation** (일부의) 제거, 절제
precursor 선구자

정답_(d)

4.

해석_**A:** 넌 왜 방을 빙빙 돌며 걔를 쫓아다녔니?

B: 걔를 괴롭히는 게 너무 재미있어서.

해설_괴롭히는 게 재미있다는 **B**의 대답으로 볼 때 **chase him
around**가 적절하다. **chase**는 '뒤쫓다, 따라다니다' 라는 의미.

어휘_**track down** 추적하여 잡다 **hand down** 후세에 전하다

정답_(b)

5.

해석_**A:** 이제 팔을 조금 구부려 봐.

B: 팔 하나가 부러져서 안 돼.

해설_팔이 부러져서 안 되는 것은 **bend**(구부리다)이다.

어휘_**band** 밴드; (사람의) 일단 **bond** 묶는 것

flat 평평한; 평형하게 하다

정답_ **(a)**

6.

해석_ **A:** 안녕하세요, 할로윈 파티 때 만난 피트예요. 슐라의 약혼자요.

B: 그녀가 당신의 부인이 될 건가요?

해설_ 그녀가 부인이 될 거냐고 물은 **B**의 말에서 **Pitt**와 **Sula**는 약혼한 사이임을 추론할 수 있다. 따라서 **fiance**(약혼자)가 정답.

정답_ **(a)**

7.

해석_ **A:** 발을 담가 봐.

B: 물이 너무 차서 난 발을 씻고 싶지 않아.

해설_ 씻고 싶지 않다는 대답으로 보아 **soak**(적시다, 담그다)가 들어가야 한다.

어휘_ **extract** 추출하다, 발췌하다 **pick out** 골라내다 **soap** 비누

정답_ **(c)**

8.

해석_ **A:** 잃어버린 카메라 찾았어?

B: 분실물 센터를 확인했는데, 거기에는 없었어.

해설_ 잃어버린 물건을 찾는 곳은 **lost and found**(분실물 센터)이다.

어휘_ **entrance** 입구

정답_ **(b)**

9.

해석_ **A:** 그녀가 내 조리법을 훔쳤다는 게 믿어지지 않아요.

B: 그녀에게 내 비밀 재료를 안 알려 준 게 그저 기쁘군요.

해설_ 문맥상 **secret ingredient**(비밀 재료)가 들어가야 한다. **ingredient**는 주로 음식을 만드는 재료를 뜻한다.

어휘_ **recipe** 조리법

정답_ **(b)**

10.

해석_ **A:** 네 직책은 뭐였어?

B: 난 카메라 담당이었어.

해설_ 직책을 물어 보았기 때문에 **in charge of**(~을 담당하는)가 들어가야 한다.

어휘_ **ravage** 유린하다, 파괴하다 **polish** 닦다, 윤내다

정답_ **(a)**

11.

해석_ **A:** 음, 그럼 동전을 던져서 결정할 수도 있지.

B: 좋아. 앞면이야 뒷면이야?

해설_ **Heads or tails?**(앞면이야 뒷면이야?)라는 질문에서 '(동전 등을) 튕기다' 라는 뜻의 **flip**이 들어가야 함을 알 수 있다.

어휘_ **Heads or tails?** (던진 동전의) 앞면이냐 뒷면이냐? **flirt** (남녀가) 시시덕거리다 **lump** 마음에 들지 않다; (불쾌한 일을) 참다

정답_ **(c)**

12.

해석_ **A:** 제 생각에는 그녀가 컴퓨터를 주문한 것 같아요.

B: 아니에요. 제가 여기에 그녀가 **MP3** 플레이어를 주문했음을 보여 주는 구매 주문서를 보고 있어요.

해설_ '구매 주문서' 는 **purchase order**라고 한다.

어휘_ **bill** 청구서 **statement** 진술서 **order paper** (의회의) 의사 일정표

정답_ **(d)**

13.

해석_ **A:** 어떻게 잤어? 잘 잤어?

B: 쿨쿨 잤어. 지금은 기분이 훨씬 좋아.

해설_ **sleep like a log**는 '아주 푹 잤다' 라는 뜻의 관용구.

어휘_ **lily** 백합

정답_ **(a)**

14.

해석_ **A:** 좀 진정할래?

B: 난 차분해. 통제 불능인 사람은 너야.

해설_ **out of control**은 '통제할 수 없는' 이라는 뜻의 관용구.

어휘_ **calm down** 진정하다

정답_ **(b)**

15.

해석_ **A:** 난 항상 너와 내가 특별한 유대를 맺고 있다는 느낌이 들었어.

B: 그래, 나도 우리가 그냥 좋은 친구 이상이라고 생각해.

해설_ 문맥상 '특별한 유대관계' 를 의미하는 **special bond**가 들어가야 한다.

어휘_ **comity** 예의

정답_ **(d)**

16.

해석_ **A:** 난 그냥 허락 없이 들어갔을 뿐이야.

B: 어떤 사람들은 그걸 무단침입이라고 해.

해설_ '무단침입' 은 breaking and entering이라고 한다.

어휘_ run off 도망치다

정답_ (b)

17.

해석_ A: 넌 내게 너무 못되게 굴었어. 왜 그랬니?

　　 B: 너한테 화가 나서 그랬어!

해설_ be mad at은 '~에 화가 나다' 라는 의미.

어휘_ come on to ~에게 성적 관심을 보이다

　　 turn a blind eye to ~을 못 본 척하다

정답_ (c)

18.

해석_ A: 무대에 올라가 볼래? 네가 연설하는 모습을 찍을게.

　　 B: 좋아. 잠깐만 기다려 줘.

해설_ 연설하는 모습을 찍어 줄 거라고 했기 때문에 '무대에 오르다' 라는
　　 뜻의 go up on stage가 들어가야 한다.

어휘_ give a speech 연설하다 slip 미끄러지다

정답_ (a)

19.

해석_ A: 그 직원에게 뭐라고 했니?

　　 B: 아무 말도 안 했어. 하지만 그 회사의 고객 상담실은 귀에 못이
　　　　 박히도록 들었겠지.

해설_ get an earful은 '귀에 못이 박히도록 듣다' 라는 뜻의 관용구.

어휘_ complaints department 고객 상담실

정답_ (b)

20.

해석_ A: 변명할 수 있어?

　　 B: 물론. 하지만 네가 내 말을 입증해 주어야 해.

해설_ back up은 뒤에서 받쳐주는 것이므로 '지지하다' 또는 '~의 주
　　 장을 입증하다' 등의 뜻으로 사용된다.

어휘_ make up an excuse 변명[구실]을 대다 stand by ~옆
　　 에서 있다 hand down 물려주다

정답_ (b)

21.

해석_ A: 난 미국 서부를 횡단하는 배낭여행을 하고 있었어.

　　 B: 정말? 모두 듣고 싶다. 재미있었어?

해설_ 미국 서부를 횡단하는 것과 어울리는 것은 backpack(배낭여행

하다)이다.

어휘_ back out 철회하다 back order (재고가 없어) 처리 못한 주
　　 문, 이월 주문 backward 뒤로

정답_ (c)

22.

해석_ A: 우린 사람을 찾아야 해. 일이 쌓이기 시작하고 있어.

　　 B: 난 서류 더미가 이만큼 높이 쌓였어.

해설_ 일이 쌓인다는 뜻의 pile up(쌓이다)이 들어가야 문맥이 맞다.

어휘_ a stack of 한 더미의 pilch 기저귀 커버 pile in 밀어 넣다
　　 pileous 털이 많은

정답_ (b)

23.

해석_ A: 그 사람이랑 헤어질 거니? 넌 그가 싫다고 했잖아.

　　 B: 응, 오늘 그를 찰 거야.

해설_ 사귀던 사람을 '차다' 라고 할 때는 dump를 쓴다.

어휘_ break up with ~와 헤어지다

정답_ (a)

24.

해석_ A: 너 소설책 읽지?

　　 B: 그것만 봐. 다른 종류의 책은 읽고 싶지 않아.

해설_ 다른 종류는 읽지 않는다는 대답에서 exclusively가 들어가야
　　 함을 알 수 있다. exclusively는 '배타적으로, 오로지 ~만' 이라
　　 는 의미.

어휘_ excogitate 생각해 내다 excretory 배설의
　　 excessively 과도하게

정답_ (a)

25.

해석_ A: 왜! 너희들은 항상 똑같이 생각하는 것 같아.

　　 B: 우린 공통점이 아주 많거든.

해설_ 생각이 같다고 했으므로 공통점이 많다고 해야 문맥이 자연스럽
　　 다. have ~ in common 하면 '~을 공통으로 가지고 있다' 라
　　 는 의미.

어휘_ in a coma 혼수 상태에 빠져 commodity 상품, 일용품

정답_ (c)

26.

해석_ 내 친구와 나는 꽤 오랫동안 친구였다. 난 걔를 아주 믿을 만하고 의
　　 지할 수 있는 사람이라고 생각한다.

해설_ '믿을 만한' 사람을 표현하는 단어는 **reliable**(믿을 수 있는, 의지
가 되는)이다.
어휘_ **trustworthy** 신뢰할 수 있는 **royal** 왕의, 왕실의 **random**
되는 대로의 **disloyal** 불충한
정답_ (b)

27.
해석_ 세상에는 동정심 있는 사람들과 무관심한 사람들, 두 종류의 사람
이 있다.
해설_ 문맥상 **sympathetic**과 상반되는 단어를 찾아야 하기 때문에
유사어인 **caring**과 **loving**은 정답이 될 수 없다. **incapable**
은 사람의 인정이 아니라 능력과 관련된 단어이므로 적절하지 않
다.
어휘_ **sympathetic** 동정심 있는, 인정 있는 **caring** (노인 등을) 돌
보는 **loving** 애정 있는 **incapable** 무능한
정답_ (c)

28.
해석_ 어느 날 나는 **Maggie**를 내 친구들 중 한 명에게 소개시켜 주었는
데, 5분 뒤에는 벌써 친해져 있더라니까! 난 **Maggie**가 그렇게 외
향적인 사람인 줄 전혀 몰랐어.
해설_ 다른 사람과 금방 친해지는 사람을 묘사하는 말로 적절한 것은
extroverted(외향적인)이다.
어휘_ **introverted** 내향적인 **mean** 비열한 **malicious** 심술궂
은, 악의 있는
정답_ (b)

29.
해석_ 난 그들이 그렇게 좋은 기회에 대해 그렇게 적은 돈을 청구한다는
게 믿기질 않는다. 혜택에 비해 비용은 아주 적게 든다.
해설_ 좋은 기회와 적은 비용이 대비되고 있으므로 **trivial**(하찮은)이 들
어가야 한다.
어휘_ **grandiose** 과장한, 장대한
정답_ (d)

30.
해석_ 그 약을 먹은 지 하루 만에 내 친구는 몸이 너무 가려워져서 의사의
도움을 구해야 했다. 그것은 내가 본 것 중 가장 심각한 부작용이었
다.
해설_ 약을 먹고 생긴 부작용에 대한 내용이므로 **side effect**(부작용)
가 정답이다.
어휘_ **itchy** 가려운

정답_ (b)

31.
해석_ 변경하기엔 너무 늦었을 때까지도 나는 내가 엉뚱한 수업에 수강신
청을 했다는 사실을 모르고 있었다.
해설_ **sign up for**는 '~에 신청하다, 등록하다' 라는 뜻의 관용구.
정답_ (b)

32.
해석_ **Twiggy**는 너무 화가 나서 그의 주먹이 심사위원의 코를 칠 뻔했
다. 그래서 안전요원들이 그를 말리느라 진땀을 뺐다.
해설_ 문맥상 안전요원들이 **Twiggy**를 저지한다는 내용이 돼야 하므로
restrain(억제하다, 말리다)이 들어가야 한다.
어휘_ **promote** 촉진하다, 장려하다 **motion** 몸짓으로 신호하다
improvise 즉석에서 하다
정답_ (d)

33.
해석_ 그의 개가 죽은 후 **Neo**는 너무 우울해서 사실 정신과 의사의 도움
을 구해야 했다.
해설_ 정신적 충격을 받은 사람을 치료할 사람은 **psychiatrist**(정신병
의사)이다.
어휘_ **depressed** 의기소침한, 우울한 **psychopath** 정신병질자
psychic 영혼의, 심령의; 무당
정답_ (c)

34.
해석_ 나는 일중독자다. 나는 하루 종일 일해야 할 것 같은 기분이 들고, 그
렇지 않으면 미쳐 버릴 것 같다.
해설_ '일중독자' 는 **workaholic**이다. -holic이 붙으면 '~ 중독자'
라는 의미. **obsessed**는 be **obsessed with**의 형태로 쓰
여 '(망상 등에) 사로잡히다' 라는 뜻이 되고, **possessed**는 뭔가
에 '홀려 있는' 상태를 뜻한다.
정답_ (b)

35.
해석_ 내 친구들과 나는 5학년 때부터 함께 있어 왔다. 우리는 우리 중 하
나가 아프거나 어려움에 빠져 있을 때 서로 도와준다. 나는 우리의
우정이 강하다고 믿는다.
해설_ 친구들의 '우정' 을 나타내는 단어는 **camaraderie**이다.
어휘_ **comrade** 동료, 동지 **comity** 겸양 **candidness** 솔직함
정답_ (a)

36.

해석_ 교감선생님이 자신의 권력을 남용하는 동안 아무도 감히 뭐라고 하지 못했다. 하지만 나는 솔선해서 교감선생님께 그녀가 하고 있는 일은 잘못된 것이라고 말했다.

해설_ 아무도 나서지 못하는 일을 솔선해서 했다고 해야 문맥이 맞으므로 **initiative**(솔선)가 정답이다. **take the initiative**(솔선해서 하다)로 외워 두자.

어휘_ **abuse** 남용하다 **dare to-V** 감히 ~하다 **initial** 처음의, 최초의; 머리글자 **indefinite** 불명확한 **uncertainty** 불확실, 반신반의

정답_ (b)

37.

해석_ 다른 팀원들이 모두 게으름을 피우고 있는 동안 프로젝트 리더는 제시간에 프로젝트를 마치기 위해 여러 가지 일을 도맡아 하고 있었다. 그녀의 행동은 참으로 모범적이었다.

해설_ 문맥상 '모범적인'이란 뜻의 **exemplary**가 알맞다. **example**도 '모범'이라는 뜻으로 쓰이지만, 앞에 관사가 와야 한다.

어휘_ **multi-task** 한꺼번에 여러 일을 처리하다 **eccentric** (사람, 행동 등이) 별난

정답_ (c)

38.

해석_ 더 나쁜 소식은, 그 병은 전염성이 아주 강해서 그는 이제 다른 사람들과 떨어져 살아야 한다고 의사들이 말하고 있다는 것이다.

해설_ **illness**에 대한 묘사로 알맞은 단어는 **contagious**(전염성의)뿐이다.

어휘_ **collectable** 모을 수 있는 **congeniality** (성질, 취미 등의) 일치, 합치 **consistent** 일관된, 언행이 일치된

정답_ (d)

39.

해석_ 이 나라의 독재자는 자신의 안전에 대해 너무 겁을 먹어 은둔 생활을 한다. 나는 그에게도 친구가 있는지 궁금하다.

해설_ 자신의 안전을 염려하는 독재자가 사는 방식을 나타낸 단어는 **reclusion**(은둔)이다.

어휘_ **nursery** 육아실, 탁아소 **rehabilitation** 사회복귀 **captivity** 포로의 신세

정답_ (d)

40.

해석_ 그 정치가는 어린이들의 건강이 자기가 우선으로 생각하는 것이라고 늘 말하면서도, 최근에 아동 건강관리를 위해 저렴한 비용을 제안한 의안에 반대했다. 그는 참으로 위선자다.

해설_ 말과 행동이 다른 사람을 가리키는 단어는 **hypocrite**(위선자)이다.

어휘_ **hippopotamus** 하마 **hypertension** 고혈압 **hyperaglesia** 고칼로리 영양법

정답_ (c)

41.

해석_ 우리 선생님은 깔끔한 사람이다. 그녀는 물건들을 원래 있던 자리에 갖다 놓는 것을 좋아하고, 그녀의 취미는 청소인 것 같다.

해설_ 깔끔한 사람에 대한 설명이므로 **tidy**(깔끔한, 깨끗함을 좋아하는)가 알맞다.

어휘_ **disheveled** (머리가) 헝클어진, 단정치 못한 **unmannered** 예의 없는

정답_ (b)

42.

해석_ 중동에서 벌어지고 있는 전쟁은 끝이 없어 보인다. 게다가 전 지역에 걸쳐 아주 많은 급습이 있기 때문에 그곳에서 무슨 일이 전개될지는 아무도 모른다.

해설_ 문맥상 적절한 것은 **unfold**(펼치다, 전개되다)밖에 없다. **unfold**는 **fold**(접다)의 반대말임을 알아 두자.

어휘_ **surprise attack** 급습 **region** 지역

정답_ (d)

43.

해석_ 교전 중인 병사들은 산 계곡을 지나갈 때 조심해야 한다. 그런 지역은 매복 장소로 잘 알려져 있기 때문이다.

해설_ 교전 중인 병사들이 험한 산세에서 조심해야 할 것은 **ambush**(매복)이다.

어휘_ **mine** 광산 **beast** 짐승 **break** 휴식

정답_ (c)

44.

해석_ 저 남자는 가난한 사람들의 돈을 빼앗는 것으로 악명 높아. 모두가 그것을 알기에 아무도 그를 좋아하지 않지.

해설_ 가난한 사람들의 돈을 빼앗는다는 것과 문맥이 통하는 단어는 **notorious**(악명 높은)이다. 좋은 뜻으로 '유명한'은 **famous**, 나쁜 뜻으로 '악명 높은'은 **notorious**라고 한다.

어휘_ **gambler** 도박꾼 **praise** 칭찬하다

정답_ (d)

45.

해석_ 프랑스에서의 2년간의 조사도 이미 같은 결론에 도달하였다.

해설_ '결론에 도달하다' 는 **reach the conclusion**으로 쓴다.

어휘_ **investigation** 조사 **commit** (죄 등을) 저지르다 **retain** 보유하다 **create** 창조하다, 창작하다

정답_ (b)

46.

해석_ 셰필드 대학의 과학자들은 그들의 발견이 관절염이나 고혈압과 같은 염증성 질병의 치료를 포함해 다른 데도 이용될 수 있다고 주장한다.

해설_ **inflammatory disease**(염증을 동반하는 병)는 **arthritis**(관절염) 밖에 없다. 다소 배경지식이 필요한 문제다.

어휘_ **application** 적용, 응용 **inflammatory** 염증을 일으키는 **diabetes** 당뇨병 **obesity** 비만 **anorexia** 거식증

정답_ (a)

47.

해석_ 미얀마의 안젤리나 졸리에 해당하는 툰아인드라보를 포함하여 그 나라의 연극, 영화, 음악계의 초대형 스타들이 '상카 지지 위원회' 를 구성하였다.

해설_ **equivalent to**는 '~에 상당하는 (것), ~와 맞먹는 (것)' 이라는 의미.

정답_ (a)

48.

해석_ 위벽은 음식물이 위산과 잘 섞이도록 음식물을 휘젓는다.

해설_ 음식과 위산이 잘 섞이도록 위가 하는 일은 음식을 **churn**(휘젓다) 하는 것이다.

어휘_ **acidic digestive juices** 위산 **chop** 잘게 썰다 **dice** 주사위꼴로 자르다 **melt** 녹이다

정답_ (c)

49.

해석_ 통깨는 먹을 수도 있으며, 종종 케이크와 과자류에 장식물로 쓰인 것도 볼 수 있으며, 동양 음식에는 장식용으로 볶아서 뿌려지기도 한다.

해설_ '장식용' 으로 뿌렸다고 해야 문맥이 맞으므로 **garnish**(장식물) 가 정답이다.

어휘_ **sesame seed** 참깨 **confectionery** 과자류 **sprinkle** 흩뿌리다 **broth** 묽은 스프 **gravy** 육즙 **dressing** 소스

정답_ (a)

50.

해석_ 대부분의 경우, 스스로를 채식주의자라고 말하는 사람들은 모든 종류의 고기를 식사에서 배제한다.

해설_ 고기를 먹지 않는 사람들에 대한 설명이므로 **vegetarian**(채식주의자)이 정답이다. 나머지는 모두 '미식가' 의 뜻을 가진 단어들이다.

어휘_ **exclude** 배제하다 **epicure** 미식가 **good liver** 미식가 **gourmand** 미식가

정답_ (d)

Final Test (4)

1.

해석_A: 그녀는 내가 햇볕에 탄 부위를 치료해 주었어.

B: 괜찮아? 요즘엔 햇빛이 너무 강해. 좀더 조심해야 해.

해설_ 햇빛을 조심하라고 했으므로 **sunburned part**(햇볕에 탄 부위)가 적절하다.

어휘_wound 상처 **injury** 상해, 손상 **sunbaked** 햇볕에 구운

정답_(c)

2.

해석_A: 그녀를 졸업무도회에 데리고 갔던 남자 기억나?

B: 응, 그 남자는 춤을 아주 잘 췄어, 그렇지?

해설_ 춤을 춘 것으로 보아 '졸업무도회' 라는 뜻의 **prom**이 적절하다.

어휘_prom 졸업무도회 **ceremony** 의식 **funeral** 장례식

정답_(b)

3.

해석_A: 1인 분만실을 주실 수 있으세요?

B: 죄송하지만, 2인 분만실 밖에는 없습니다.

해설_private room은 '1인실' 이고, **semi-private room**은 '2인실' 이다.

어휘_labor room 분만실 **private bill** 개별 법안 **roomer** 셋방든 사람

정답_(c)

4.

해석_A: 죄송해요. 의사 선생님이 검사 때문에 커튼을 쳐 달라고 하셔서요.

B: 오, 괜찮아요. 난 상관없어요.

해설_insist on은 '~할 것을 강요하다' 라는 의미.

어휘_inside of ~안에 **instead of** ~대신에 **institute** 세우다, 설립하다

정답_(c)

5.

해석_A: 문신을 하려고 해.

B: 왜 평생 동안 몸에 상처를 남기는 일에 돈을 들여?

해설_ 몸에 평생 동안 상처를 남긴다는 말에서 **tatoo**(문신)가 정답임을 알 수 있다.

어휘_scar 흉터; 흉터를 남기다 **for life** 죽을 때까지 **taffy** 아첨

정답_(a)

6.

해석_A: 그 사진 아직 가지고 있어?

B: 응, 네가 우리에게 다시 주었고, 우린 그것을 액자에 끼웠어.

해설_frame은 명사로는 '틀, 액자' 등의 뜻이고, 동사로는 '액자에 끼우다' 라는 뜻이다.

어휘_freckle 주근깨 **flamage** 엉터리, 허풍 **flame** 불꽃

정답_(d)

7.

해석_A: 그는 마음이 떠났어, 알겠니? 너도 그래야 해.

B: 하지만 난 아직도 그를 사랑해. 난 그를 포기할 수 없어.

해설_ '마음이 떠났다' 고 할 때는 **move on**을 쓴다.

어휘_move about 여기저기 돌아다니다 **move out** 이사 나가다

정답_(b)

8.

해석_A: 너희 둘은 어디서 만났니?

B: 가게에서. 그가 채소 고르는 것을 내가 도와줬어.

해설_ 문맥상 '고르다' 라는 뜻의 **pick out**이 들어가야 한다.

어휘_pick up 집어 들다; (차로) 마중나가다

정답_(a)

9.

해석_A: 너 그 사람한테 반했구나.

B: 아마도. 그는 확실히 잘생긴 것 같아.

해설_have a crush on은 '~에게 홀딱 반하다' 라는 뜻의 관용구.

어휘_fake 속임수 **good-looking** 잘생긴

정답_(b)

10.

해석_A: 이 기계는 고장을 방지해. 아주 오래 쓸 수 있고 많은 돈을 절약해 주지.

B: 서비스가 필요하기 전까지 1200시간 동안은 작동될 수 있을 것 같아.

해설_ 오래 쓰고 비용이 절감되는 기계이므로 **fault-tolerant**(고장 방지의)가 알맞다.

어휘_durable 영속성 있는 **imperfect** 불완전한 **neglectful** 태만한, 무관심한

정답_(c)

11.

해석_A: 이 업그레이드는 면허증이 있는 모든 사용자들에게 제공될 겁

니다.

　　　B: 편리함에 감사드려요.

해설_ 문맥상 '제공된다' 는 의미의 **provided**가 들어가야 한다.

어휘_ **licensed** 면허를 받은　**convenience** 편의, 편리　**inhibit** 억제하다　**prohibit** 금지하다

정답_(d)

12.

해설_ A: 조만간 우리가 절충안을 생각해 낼 수 있기를 바랍니다.

　　　B: 저도 그래요. 어려움이 있지만 곧 해결될 수 있을 거라고 생각해요.

해설_ 문제 해결을 위해 **come up with**(~을 생각해 내다) 할 수 있는 것은 **compromise**(절충안) 밖에 없다.

어휘_ **sooner or later** 조만간　**in spite of** ~에도 불구하고　**cooperation** 협동

정답_(a)

13.

해설_ A: 당신은 미리 우리와 협상해야 했어요.

　　　B: 당신이 옳아요. 당신들의 협력 없이 혼자 가는 것은 잘못된 결정이었어요.

해설_ **in advance**는 '미리, 사전에' 라는 뜻의 관용구.

어휘_ **negotiate** 협상하다　**at hand** 가까이에, 가까운 장래에　**in progress** 진행 중　**closure** 마감, 폐쇄

정답_(b)

14.

해설_ A: 여러 번 그를 만나니까 그가 추한 사람이라는 게 드러나더라.

　　　B: 우리도 그를 처음 만났을 때는 그의 속마음을 몰랐던 것 같아.

해설_ **turn out to be~**는 '~임이 드러나다, 밝혀지다' 라는 의미.

어휘_ **inner mind** 속마음　**reject** 거절하다　**take out** 꺼내다　**make up** (이야기 등을) 꾸미다

정답_(a)

15.

해설_ A: 내 목록에서 첫 번째 할 일은 문제들의 근원을 찾는 거야.

　　　B: 나도 그렇게 생각해. 너는 그 과정을 완전히 분석해야 해.

해설_ '(위치 등을) 알아내다, 밝혀내다' 라는 뜻의 **locate**가 문맥상 알맞다.

어휘_ **source** 근원　**analyze** 분석하다　**process** 과정　**veil** 베일로 감추다, 가리다

정답_(c)

16.

해설_ A: 그를 조심해. 그의 말을 그냥 받아들이지 마.

　　　B: 우린 어릴 때부터 친했어. 그는 거짓말쟁이가 아니야.

해설_ **take one's word**는 '~의 말을 믿다' 라는 의미. **believe in**은 '~의 존재를 믿다, ~이 좋다고 생각하다' 라는 뜻이다.

어휘_ **take in** 섭취하다, 흡수하다　**swallow** 삼키다

정답_(a)

17.

해설_ A: 내 의견은, 사장님은 그 문제를 쉽게 해결할 수 있어. 경험이 많은 분이거든.

　　　B: 나도 그렇게 생각해. 그분은 자신감이 많아.

해설_ 문맥상 '해결하다' 라는 뜻의 **work out**이 되어야 한다.

어휘_ **experienced** 경험 있는, 노련한　**disguise** 변장시키다

정답_(a)

18.

해설_ A: 좋아! 이겼다.

　　　B: 그래, 하지만 전에는 내가 이겼으니까 비긴 거야.

해설_ 문맥상 '비기다' 라는 뜻의 **balance out**이 알맞다.

어휘_ **off balance** 균형을 잃고

정답_(d)

19.

해설_ A: 과학자들은 가까운 장래에 복제가 성공할 수 있다고 예상해요.

　　　B: 말도 안 되는 생각이에요! 정말로 그 말을 믿어요? 복제는 매번 실패했어요.

해설_ **happen**은 일이나 사건 등이 '발생하다' 를 뜻하는 가장 일반적인 단어다. **occur**는 주로 자연재해가 발생하거나 머릿속에 어떤 생각이 떠올랐다고 할 때 쓰인다.

어휘_ **cloning** 복제　**ridiculous** 웃기는, 터무니없는　**erase** 지우다

정답_(c)

20.

해설_ A: 나는 사직을 할까 생각해.

　　　B: 좋은 생각은 아닌 것 같은데. 게다가 넌 은퇴하기엔 너무 젊어.

해설_ **toy with the idea of**는 '~을 장난삼아 생각하다' 라는 의미.

어휘_ **retire** 은퇴하다

정답_(a)

21.

해석_A: 우리 회사는 중국 펀드로 이득을 봤어.

　　B: 아주 오랜만에 그런 소식을 들으니 기쁘다.

해설_ '이익을 얻다' 라고 할 때 **profit**을 목적어로 취할 수 있는 단어는 **reap**이다. **accrue**는 '(이익 등이) 생기다' 라는 뜻의 자동사이므로 정답이 될 수 없다.

어휘_**profit** 이익 **discard** 버리다

정답_(c)

22.

해석_A: 너는 더 열심히 일할 필요가 있어. 네 일에 좀 더 많은 노력을 쏟아 봐.

　　B: 알았어. 노력할게.

해설_**put effort into**는 '~에 노력을 쏟다' 라는 의미.

어휘_**edit** 편집하다 **flee** 달아나다

정답_(b)

23.

해석_A: 올해는 7월 셋째 주에 하계 페스티벌을 개최할 거야.

　　B: 그렇다면 할 수 없지. 모두에게 일정을 알리자.

해설_**So be it**.은 체념하듯 승낙하는 말로서 '그렇다면 할 수 없지.', '그렇게 해.', '맘대로 해.' 등의 뜻이다.

정답_(a)

24.

해석_A: 고속도로 공사가 마침내 끝났어요.

　　B: 늦더라도 안 하는 것보다는 낫죠.

해설_**Better late than never**.는 '늦더라도 안 하는 것보다는 낫다.' 라는 의미.

어휘_**expressway** 고속도로

정답_(c)

25.

해석_A: 그는 날 바람맞혔을 뿐만 아니라 자기가 아무런 잘못도 하지 않은 것처럼 행동했어.

　　B: 진정해. 용서하고 잊어버려.

해설_**Forgive and forget**.은 '용서하고 잊어버려.' 라는 뜻의 상투적인 말이다.

어휘_**stand A up** A를 바람맞히다 **let up** 멈추다, 그만두다

정답_(b)

26.

해석_여름방학 동안 나는 정오 이전에 잠을 깨 본 적이 없다. 그때 난 너무 게을렀다.

해설_한낮까지도 잠자리에서 일어나지 않는 생활이었으므로 **sluggish**(게으름을 피우는, 나태한)가 알맞다.

어휘_**disheveled** (머리가) 헝클어진, 단정치 못한 **untidy** 단정치 못한 **organized** 조직된, 체계화된

정답_(a)

27.

해석_그 여자는 그 남자에게 그가 자신이 이제껏 사랑한 유일한 사람이라고 말했다. 하지만 바로 그때 그는 그녀가 거짓말쟁이라는 것을 알아차렸다.

해설_그녀가 세속적(**mundane**)이거나 악의적(**malicious**)이거나 남자 같은(**manly**) 사람임을 알 수 있는 단서는 없지만, 그녀가 한 말은 거짓말일 수 있다. 따라서 **mendacious**(거짓의, 거짓말하는)가 알맞다.

어휘_**mundane** 이승의, 세속적인 **malicious** 심술궂은, 악의 있는 **manly** 남자다운, 남자 같은

정답_(d)

28.

해석_나의 품위 없는 친구들 중의 한 명은 그녀의 큰 목소리가 종종 다른 사람들을 방해한다는 사실을 깨닫지 못한다. 그녀는 공공장소에서 친구들에게 큰 소리로 외친다.

해설_고상하지 못한 행동을 설명하고 있으므로 **ungraceful**(우아하지 않은, 꼴사나운)이 알맞다.

어휘_**undermined** (건강이) 손상된 **noble** 귀족의, 고상한

정답_(d)

29.

해석_그는 숙제를 시작하기에 너무 늦은 시간까지 게으름을 피우고 꾸물거리는데, 아마도 이것이 그가 제시간에 숙제를 끝내지 못하는 이유일 것이다.

해설_할 일을 제때하지 않고 꾸물거리는 사람에 대한 내용이므로 **procrastinate**(꾸물거리다, 늑장부리다)가 알맞다.

어휘_**proceed** 나아가다, 계속하다 **procure** 획득하다 **produce** 생산하다

정답_(a)

30.

해석_그는 어렸을 때 왕따였다. 사람들은 종종 아무런 이유 없이 그를 놀

리곤 했다.

해설_ 따돌림 받는 사람에게 하는 행동과 관련된 단어는 **ridicule**(조롱)이다. **bring A into ridicule**은 'A를 조롱하다' 라는 뜻의 관용구.

어휘_ **outcast** 따돌림 받는 사람 **inclusion** 포함 **subject** (실험 등의) 대상

정답_(c)

31.

해설_ 야구경기 도중 관중 한 사람이 파울볼에 맞았다. 그런데 얼굴을 맞았는데도 그가 여전히 의식이 있는 것을 보고는 모두 놀랐다.

해설_ 얼굴을 맞았는데도 별 문제가 없었다는 내용이 되어야 문맥이 자연스럽다. 따라서 '의식이 있는' 이라는 뜻의 **conscious**가 들어가야 한다.

어휘_ **bloody** 피투성이의 **furious** 분노한 **infuriated** 격분한

정답_(d)

32.

해설_ 사람들은 때때로 남의 이야기를 한다. 인생에서 그들의 유일한 즐거움이 다른 사람들의 품위를 깎아내리는 데 있기 때문이다.

해설_ **gossip**은 타인의 명예나 인격에 해를 가하는 행동이므로 '(명성 등을) 손상시키다' 라는 뜻의 **undermine**이 들어가야 한다.

어휘_ **dignity** 존엄, 품위 **determine** 결심하다 **undertake** 착수하다, (일 등을) 맡다 **overstate** 허풍을 떨다

정답_(b)

33.

해설_ 유엔의 고위급 공사 한 명이 (미얀마의) 군사정부에게 민주주의를 찬성하는 시위대에 대한 폭력적인 탄압을 끝낼 것을 촉구하기 위해 미얀마에 있다.

해설_ 시위자에 대한 **crackdown**(탄압)이라고 해야 문맥이 맞다.

어휘_ **envoy** 사절, 공사 **protester** 항의자 **tumble-down** 황폐한, 금방 넘어질 듯한 **turn-around** 전환 **turmoil** 소란, 소동

정답_(a)

34.

해설_ 아이러니하게도 아프가니스탄 대통령은 탈레반에게 평화를 위한 거처를 제공하면서 자살폭탄을 비난했다.

해설_ 문맥상 '비난하다' 라는 뜻의 **condemn**이 알맞다.

어휘_ **suicide bombing** 자살폭탄 **post** (군대) 주둔지 **contend** 싸우다, 논쟁하다 **contest** 논쟁하다; 경쟁, 논쟁

protect 보호하다

정답_(b)

35.

해석_ 외교관들은 그들이 평양의 군축문제 합의에 근접했다고 말한다.

해설_ 전치사 **to**와 어울리며 문맥상 알맞은 단어는 **close**이다.

어휘_ **diplomat** 외교관 **disarmament** 무장 해제 **contagious** 전염성이 있는

정답_(c)

36.

해석_ 말로 하든 글로 쓰든 언어로 우리 생각을 전달하는 것은 독특한 예술을 구성한다.

해설_ 사람의 생각을 전달하는 것이기 때문에 **communication**(전달)을 쓰는 것이 알맞다.

어휘_ **by means of** ~에 의하여 **constitute** 구성하다 **peculiar** 기묘한, 특이한, 특유한 **transportation** 운송, 수송 **transfer** 옮기다, 나르다 **movement** 운동, 이동

정답_(c)

37.

해석_ 정제된 탄수화물이란 기계를 이용해 곡류에서 고섬유질을 제거한 식품을 지칭한다.

해설_ 고섬유질을 제거했다는 내용에서 **refined**(정제된)가 들어가야 함을 알 수 있다.

어휘_ **carbohydrate** 탄수화물 **machinery** 기계류 **fiber** 섬유, 섬유질 **crude** 천연의, 가공하지 않은 **nutrient** 영양분이 있는 **dehydrated** 건조된

정답_(b)

38.

해석_ 군비 확장은 오로지 한반도의 민족 분단을 영속시킬 것이다.

해설_ 문맥상 '영속시키다' 라는 뜻의 **perpetuate**가 적절하다. **perpetuate**는 대개 부정적인 의미로 쓰인다.

어휘_ **expansion** 확장 **armament** 군비 **peninsula** 반도 **ommemorate** 기념하다 **eradicate** 뿌리 뽑다 **consolidate** 합병하다

정답_(a)

39.

해석_ 상업지역에 위치한 **Sule Pagoda**에서 기도식을 가진 후, 10만 명에 달하는 군중이 또 다른 탑으로 행진하였고, 마침내 평화적으

로 해산하였다.

해설_ 전치사 **at**과 함께 쓰이며 문맥상 어울리는 단어는 **estimated**이다. **estimated at** 하면 '~로 견적되는' 이란 의미.

어휘_ **hold** 개최하다 **prayer** 기도(식) **pagoda** 탑 **district** 지역 **up to** ~에 달하여 **disperse** 흩어지다 **count** 세다 **number** 번호를 매기다

정답_ (a)

40.

해석_ 이번 하락은 심지어 탄력 있는 런던 경제도 시장 원리에 의해 좌지우지될 수 있다는 조기 경보다.

해설_ 런던 경제도 시장의 힘에 영향을 받을 수 있다는 내용이므로 **susceptible**이 들어가야 한다. 전치사 **to**를 붙여 **susceptible to**(~에 영향을 받기 쉬운)로 외워 두자.

어휘_ **buoyant** 부력[탄력]이 있는 **market forces** 시장의 여러 힘, 시장 원리 **transferable** 양도 가능한 **sustainable** 지탱할 수 있는 **transparent** 투명한

정답_ (b)

41.

해석_ 미국의 한 고위관리는 **George W. Bush** 대통령이 미얀마의 통치자에 대한 새로운 제재를 공표할 것이라고 말했다.

해설_ **against Myanmar's rulers**에서 '제재' 라는 뜻을 가진 **sanction**이 알맞다는 것을 알 수 있다. 또한, **sanction**에는 '재가, 인가' 의 뜻도 있다는 것을 알아 두자.

어휘_ **sanitation** 공중위생 **solution** 해결 **scheme** 계획, 안, 설계

정답_ (d)

42.

해석_ "우리는 이 정권이 이번 기회를 이용하여 진정한 정치 개혁 과정에 들어가기를 바랍니다." 라고 유럽연합의 **Cristina Gallach** 대변인이 말했다.

해설_ '대변인' 은 **spokeswoman** 또는 **spokesman**이다. 형태가 **spokes-**라는 것에 유의하자.

어휘_ **regime** 정권 **launch** (계획 등을) 착수하다 **reform** 개혁

정답_ (a)

43.

해석_ 그는 **Joseph Kabila** 대통령이 르완다민주해방군을 통해서 후투족 반란군을 지원했다고 비난했다.

해설_ **accuse A of B**는 'A를 B의 죄로 고발하다, 비난하다' 라는 뜻

어휘_ **back** 후원하다 **rebel** 반역자 **assert** 주장하다, 단언하다 **arrange** 준비하다 **deceive** 속이다

정답_ (c)

44.

해석_ 장기간 연기된 심리는 **Diana**와 **Dodi Fayed**가 운전사 **Henri Paul**과 함께 그들의 차가 파리의 한 터널에서 **충돌**했을 때 어떻게 사망했는가를 조사하게 될 것이다.

해설_ **long-delayed**의 수식을 받으면서 사망 사건을 조사하는 주체가 될 수 있는 것은 **inquest**(심리, 심문)밖에 없다.

어휘_ **discovery** 개시 절차 **testimony** 증언 **court** 법원

정답_ (a)

45.

해석_ 이 국가는 수세기 동안 이웃 나라를 침범하려고 애썼다. 하지만 이웃 나라의 저항이 너무 거세서 실제로 그 계획을 명문화할 수는 없었다.

해설_ 침략 당하는 나라의 '저항' 이라고 해야 문맥이 통하므로 **resistance**가 정답이다.

어휘_ **invade** 침략하다 **enact** 제정하다 **reclusion** 은둔 **proposal** 제안 **approval** 승인

정답_ (b)

46.

해석_ 대부분의 해적선들은 놀랄 만큼 평등하고 민주적이었다. 선장은 선출되는 게 관례였고, 대부분의 문제들은 투표로 결정되었다.

해설_ 선거와 투표를 행하는 것과 관련된 단어는 **democratic**(민주적인)이다.

어휘_ **egalitarian** 평등주의의 **monarchy** 군주정치 **partial** 편파적인 **oligarchy** 소수독재정치

정답_ (c)

47.

해석_ 우리는 어색한 분위기를 풀기 위해 모임 초기에 간단한 게임을 준비했다.

해설_ **break the ice**는 '서먹한 분위기를 깨다' 라는 뜻의 관용구.

어휘_ **vice** 악, 악덕

정답_ (c)

48.

해석_ 그는 아주 약삭빠른 정치가여서 그의 당이 저지른 모든 잘못에 대

해 결코 책임지지 않을 것이다.

해설_문맥상 **take the blame**(책임을 지다)이 들어가야 한다.

어휘_**shrewd** 빈틈없는, 약삭빠른 **take a bath** 목욕하다 **take a dive** (가격 등이) 폭락하다   **take wing** 순식간에 날아가다; 비약적으로 신장하다

정답_(b)

49.

해석_아동심리학자들에 따르면, 부모가 아이들에게 높은 기대를 가질수록 아이들이 우울증에 시달릴 가능성이 높은 것 같다.

해설_**from**과 함께 쓰이며 문맥상 알맞은 단어는 **suffer**이다. **suffer from** 하면 '~으로 고통을 받다' 라는 의미.

어휘_**scuffle** 격투하다, 난투하다   **suffuse** (색, 눈물 등으로) 뒤덮다, 채우다   **shuffle** (발을) 질질 끌다; 뒤섞어 놓다

정답_(c)

50.

해석_알레르기 습진은 아이들에게 가장 흔하게 나타나는 피부병이다.

해설_**eczema**(습진)를 제외한 나머지 단어들은 아이들에게 흔하게 나타나는 병이 아니다.

어휘_**tuberculin** 결핵 **asthma** 천식 **arthritis** 관절염

정답_(d)